Adiós papá

Un viaje a través del dolor por la pérdida de un padre

Adiós papá

COMPRENDER EL PROCESO DE LUTO Y DUELO TRAS LA PÉRDIDA DE UN PADRE

MANDY WARCHOLA

Tabla de Contenidos

ME GUSTARÍA RECONOCER A ELIZABETH KÜBLER ROSS LAS CINCO ETAPAS DE LA PÉRDIDA: NEGACIÓN, IRA, NEGOCIACIÓN, DEPRESIÓN Y ACEPTACIÓN. QUISIERA TAMBIÉN COMENTAR QUE ÉSTAS SE ESCRIBIERON ESPECÍFICAMENTE PARA LA GENTE QUE

PREFACIO

"No entres dócilmente en esa buena noche,
que al final del día debería la vejez arder y delirar;
Enfurécete, enfurécete ante la muerte de la luz".

~ *Dylan Thomas*

Aquella fue la última conversación que mantuve con mi padre. Si lo hubiese sabido, le habría mantenido al teléfono más tiempo y le habría dicho unas cuantas palabras más. ¿Palabras sobre qué? No lo sé. Debí haber pronunciado palabras de ánimo, quizás lamentar cosas que no hicimos ni dijimos o suplicarle que esperara mi llegada; quizás sólo hubiera podido mantenerle al teléfono sin decir nada, sólo conservando la conexión consciente con él marchándose, sabiendo que sería nuestra última conversación. ¿Qué podría decir uno si supiera con certeza que ésta iba a ser la última conversación con su querido padre? Ésta era yo. Pude escuchar el tono lejano del teléfono llamando desde 14.000 millas de distancia. Sonó dos veces y pude escuchar la voz de mi madre a través de la línea. "Mamá, soy yo", -dije aprensivamente, esperando que la ansiedad que sentía no se notara al otro lado del teléfono-.

"Hola Mandy", -respondió mi madre mostrando secretismo en su voz-.

"¿Cómo está él? -pregunté-, bajando mi tono como si tuviera que estar tranquila a este lado de la línea, aunque nadie estuviera a mi alrededor.

"Está bien por ahora, se siente cómodo en la habitación del hospital y tiene vendas donde él cayó esta mañana", -susurró-
.

"¿Qué ocurrió, mamá? -pregunté, intentando contener la desesperada angustia que sentía-.

"Bien", -ella hizo una pausa resignadamente y pude escuchar la tristeza y la desesperación en su voz-, entonces resumió: "Se levantó a mitad de la noche, vio mi luz encendida y rodeó la cama para apagarla. Al levantarse, se resbaló y cayó y fue incapaz de levantarse. Pidió ayuda y tuve que buscar a tu hermano para levantarle del suelo. Estaba sangrando por todos sitios.

"¡Oh, no! ¿Qué puedo hacer? El temor familiar se ahogó en mi estómago.
"Nada ahora mismo. ¿Quieres hablar con él? me preguntó-.
"Sí, me encantaría. ¿Se encuentra bien para hablar? -pregunté-.

"Sí, espera". La escuché hablando con mi padre; "Siggy, Mandy está al teléfono y quiere hablar contigo".

Cuando escuché la voz de mi padre, me pareció muy lejana.
"Hola cariño".
"¡Hola papá! -yo enfaticé el "hola" justo como siempre lo hago para mostrarle confianza y no como realmente me siento por el temor a perderle-. "¿Cómo vas? "He oído que estás herido".

"¡Estoy bien! -respondió débilmente, pero al mismo tiempo insolentemente fuerte, como le había escuchado toda mi vida-
. "Tengo aquí a tu madre, tu hermano y hermana y las enfermeras me están cuidando muy bien".

"Me alegro de escuchar eso, papá", -dije con mis ojos al borde de las lágrimas-.

"Ya sabes que voy a ir a América a visitarte", -manifestó-.

Yo reí ligeramente sorprendida por ello.

"¡No te rías!", exclamó él: "Lo digo en serio".

Yo sonreí a través de mis lágrimas. "Ya sé que lo haces, papá". Te dejo ahora con tus visitas. Cuídate".

"Lo haré" -dijo-.

"Adiós papá", -susurré suavemente-.

"Te quiero", -dijo-. Esto me sorprendió porque no era su forma de terminar una llamada telefónica.

"Yo te quiero también".

Así concluyó nuestra conversación. Aquella noche mi hermano llamó y me dijo que el doctor había aconsejado que el resto de la familia regresara de Estados Unidos inmediatamente. Eran las 10 de la noche del martes y compré un billete de avión a toda prisa, llegué al aeropuerto a las 6 de la mañana y me informaron que se había cancelado mi vuelo.

En uno de los peores momentos de mi vida, United Airlines me trató con un completo desprecio cuando imploré por ayuda diciéndoles que mi padre estaba muriendo y necesitaba llegar allí rápidamente. Una mujer de pelo canoso, que estaba supervisando a los pasajeros que esperaban, me miró sin ninguna expresión, diciéndome que volviera a la fila con el resto. Todo fue en vano. Me quedé llorando en el suelo de la compañía United Airlines del aeropuerto internacional de Los Ángeles, en una línea que me ignoró completamente durante tres horas, mientras miraba otros para coger el siguiente vuelo. Seguí llamando al número gratuito del cargador, pero sin resultado. No me iban a ayudar cualquiera que fuese el apuro por el que pasara. Después de seis largas y angustiosas horas de espera, finalmente tomé un vuelo con una escala de nueve horas en Frankfurt.

Dudo que pueda explicar con palabras la frustración, la ansiedad y desesperación que sentí durante todas aquellas horas perdidas hasta llegar a mi destino final. Es duro recordar cuántas veces fui al baño del avión y de los aeropuertos para llorar. No importa lo que hice para intentar y acelerar las cosas, nada funcionó.

Finalmente llegué a Sudáfrica y me reuní con mi hermana en el aeropuerto. Estaba tan emocionada de verla y ella estaba sonriendo, sin duda encantada de verme también. Cuando empecé a abrazarla, le dije: "¡Venga, vamos al hospital!

Al mirarla, vi fluir de sus ojos una única lágrima y la escuché decir: "Mandy, papá murió ayer". Recuerdo que me desmoroné en sus brazos llorando intensamente, sin pensar en la gente que estaba a mi alrededor. Todo el tormento, la angustia y las lamentaciones habían sido inútiles. De nada sirvió la prisa, esperando impaciente tras largas colas en el aeropuerto, clamando por la antipática ayuda de la aerolínea y suplicando, todo fue en vano. Era ya demasiado tarde.

Mi querido padre Siegfried Michelson, apodado Siggy, murió en la cama de un hospital a las 3:40 de la madrugada del 28 de Julio de 2011 a la avanzada edad de 84 años. En ausencia de su esposa de casi sesenta años y con tres de sus cinco hijos y su hermana, admitió de mala gana la muerte.

Sólo un año antes le habían diagnosticado una leucemia linfática y mi padre no quería morir aunque había repetido muchas veces que estaba preparado para ello. Me dijeron que al final agitó sus brazos y miró a su familia con desesperación, sabiendo que estaba muriendo y esperando que alguien pudiera ayudarle.

Durante las tres visitas que le hice durante los últimos nueve meses, intenté darle varios remedios de autoayuda, que incluían hipnosis, Qigong (una forma de curación antigua china pronunciada Chi-gong), y procuré enseñarle a tener pensamientos y afirmaciones positivas. Sólo en mi último viaje, cuando él se encontraba ya en la última etapa de su enfermedad, comenzó a probar algunas de las técnicas y temporalmente se sintió mejor. Por desgracia, fue demasiado tarde.

La confusión de los siguientes días tras mi llegada del aeropuerto pudo ser parte de una película de Woody Allen. La frenética actividad de preparar un funeral y elegir la comida adecuada, debatiendo quién va a dormir dónde y quién va a realizar tal función, fue perpleja y frustrante para mí.

Pasé aquellos días ignorando mis sentimientos, mostrándolos cuando lo necesitaba y siguiendo sin pensar las instrucciones de otras personas. Recuerdo este sentimiento de atontamiento extremo, casi como si mi cuerpo estuviera fuera de todo y de cada uno. Para ser sincera, aquel sentimiento me duró más allá del funeral. Era casi como si funcionara con un piloto automático. Ahora sé que la mayor parte de la gente   se enfrenta de esta forma con la pérdida y la muerte, a través de este sentimiento de entumecimiento e incredulidad y manteniéndose muy ocupados para no tener tiempo de pensar, sin importar lo que realmente se siente. La parte del sentimiento viene después, cuando todo se calma y cada uno debe tomar su propio camino y todo lo que queda es el sereno desconcierto y la contemplación de la pérdida.

Cuando regresé a Estados Unidos, diez días después, comencé a buscar formas para lidiar con mi dolor como mi madre parecía ahora estar haciendo. Lo que me di cuenta es que **el mundo continúa a pesar de tu dolor**.

Descubrí que se han escrito más libros e informaciones para consolar a las viudas que para el hijo adulto sobreviviente.

Intenté regresar a mi trabajo, pero fui golpeada con dolor y oleadas de pena en momentos inesperados.

Este prefacio cubre mi propia historia personal de dolor y pesar, contada desde una perspectiva adulta sobre la pérdida de un padre. La información que daré en este libro cubrirá los diferentes escenarios del dolor y el luto, para que sepas lo que puedes esperar. También te daré ideas sobre dónde buscar ayuda fuera de tu entorno. Donde veas un texto en cursiva, verás reflejados los pensamientos y sentimientos personales que experimenté durante el viaje de mi pérdida. Cuando menciono "la pérdida de un padre", entiende que me refiero a un padre o a una madre. Hay muchos recursos disponibles sobre algunos de los cuales escribiré. Es duro tener que buscar ayuda una vez que estás en medio del doloroso duelo por un padre.

Ya estés esperando por la muerte de alguien o estés pasando por esta experiencia, con suerte esta información te preparará e inspirará, tanto como me inspiró mi investigación para el material de este libro. Al final, encontrarás una lista de lecturas recomendadas, en la cual probablemente descubrirás la inspiración y la comprensión sobre todo el proceso. Esto no es sólo una historia personal, sino también un cúmulo de información desde un punto de vista que no puede considerarse técnico ni profesional. Espero poder proporcionarte un claro sendero o mapa sobre cómo proceder a través de la pena como yo lo hice. El sendero tiene un comienzo, una parte media y un final, pero es el viaje que atraviesa el sendero lo que con suerte se convertirá en algo valioso para ti. Junto a este largo viaje, encontrarás algunas filosofías sobre la vida, la muerte y el más allá en las que yo creo. Puedes tomar lo que te guste y dejar el resto. Así que empecemos.

1 ~ EL ACONTECIMIENTO

¡La vida es real! La vida es seria!
Y la tumba no es su objetivo;
Polvo eres y en polvo te convertirás,
nada se dice del alma.

- Henry Wadsworth Longfellow

Recuerdo conducir de regreso desde el aeropuerto, volviendo a la casa de mi hermana, donde los preparativos del funeral se realizaban a toda marcha. Me senté en estado de shock, atontada y apenada, sintiéndome impotente sobre lo que estaba ocurriendo. Me di cuenta de que yo no tenía el control sobre la muerte de mi padre. Para mí significó el caos y la confusión. ¿Por qué él no esperó por mí? Este es un acontecimiento que ha cambiado mi vida para siempre. En el funeral me sentí impotente, incapaz de ver su cuerpo, prohibido por las costumbres religiosas. El ataúd era tan pequeño y plano, que me asombraba cómo el cuerpo de mi padre pudo caber allí. Incluso aunque estoy en shock, me siento como gritando por dentro y que nadie puede ayudarme. Intenté ser fuerte para llegar allí a tiempo y ahora todo lo que tengo es este vacío, me siento perdida por dentro. ¿Cómo podré recuperarme de esto?

El hecho de que me hubiera perdido el acontecimiento más importante de estar con mi padre cuando falleció y llegar a tiempo para ver comenzar las frenéticas actividades del funeral, me había dejado casi desprovista de sentimientos. Yo no quería ser parte de los planes del funeral. No deseaba participar en despojar a mi padre de la vida. Quería ver el cuerpo de mi padre porque no podía creer que estuviera realmente muerto. Nadie me permitiría verle. Iba contra la "costumbre", -me dijeron-. Entonces, ¿ iba a pasar el resto de mi vida creyendo que su cuerpo descansaría apretado en aquel comprimido ataúd?

Todo el mundo estaba muy ocupado moviéndose alrededor, preparando comida, actuando de una manera profesional. Y yo estaba tan atontada y dolorida, que no podía ni siquiera llorar. Tan sólo me senté allí con mi miseria, sintiéndome inconexa de mi cuerpo. Nadie se tomó el tiempo de sentarse y hablar conmigo para saber cómo me sentía. Supongo que como cada uno estaba tratando su dolor a su manera, no era razonable esperar aquella intensa comunicación que yo quería.

Mi padre fue enterrado según la tradición judía ortodoxa con la que yo no estaba de acuerdo porque él no vivió su vida de una forma ortodoxa. Personalmente, me sentí mal por haberle enterrado de esa manera (en un pequeño ataúd liso, con una sábana envuelta alrededor de él). Imagino que como él fue tan grande en la vida, tan poderoso, esperaba tal poderoso final, no éste tan calmado. De mala gana, tuve que participar. Mi enfado se vio calmado por mi depresión. No recuerdo mucho de aquel fin de semana, excepto la impotencia y la desesperanza. Es difícil describir la tristeza de estar sentada durante tres noches de oraciones con gente que no sabía compadecerse por la pérdida de alguien tan importante para mí. Después de la primera noche, sentí que ya era suficiente. Fue enterrado un domingo. La familia se sentó en primera fila. Yo me giré para ver la gente que había acudido y no reconocí a nadie. No sentía que fuese la realidad y deseaba estar en algún otro sitio.

Cuanto más grande es la familia, más complicadas son las cosas. Muchos pasan una gran cantidad de tiempo en el lecho de muerte, esperando el momento final de las vidas de sus seres queridos. En el momento de la muerte, para la gente que se encuentra allí, hay un cierre definitivo. No puedes negar que alguien ha muerto cuando efectivamente ves su último aliento. Tras esperar 30 segundos, sabes que ha sido el último. Cuando miras el cuerpo, todo lo que ves es la carcasa de un ser humano. La esencia ya no está. Es importante ver y saber eso. Cuando tú no estás presente, tienes que aceptar la muerte por las palabras de otros.

Mucha gente quiere estar allí para el momento final por la importancia y la finalidad del acontecimiento mortal. Hay algo muy espiritual en el hecho de ver a una persona exhalar su último aliento. Es un sentimiento reconfortante para algunos, más que algo terrible, por supuesto dependiendo del tipo de muerte. Yo he visto a alguien morir y se fue en paz, sin embargo, yo no pude llegar a ver la muerte de mi padre. Hay muchas veces que los seres queridos se ausentan o se toman un descanso y, en ese tiempo, la persona querida fallece. La gente que necesita estar allí para esos momentos finales, está presente.

Mi madre abandonó la cama de mi padre en el hospital tras permanecer constantemente allí durante dos días para ir a casa, refrescarse y regresar al lado de su marido. Cuando regresó dos horas después de su partida, él ya había fallecido. Él murió también 24 horas antes de que yo llegara. Muchas veces me he preguntado asombrada por qué mi padre no esperó hasta mi regreso, o por qué esperó hasta que mi madre se fue. ¿Pudo ser que ambas hubiéramos sufrido más viéndole? Desearía conocer la respuesta. Yo creo que los moribundos eligen sus momentos cuidadosamente, de acuerdo con quienes son más capaces de abordar la transmisión de su alma. Los que se sienten más afectados y devastados no estarán presentes en el momento de la muerte.

Los últimos momentos

Si tus padres han pasado por una larga enfermedad, cada uno de los últimos momentos que pases con ellos será precioso. No importa el tiempo que hayamos vivido o la edad que tengamos, nunca estamos lo suficientemente preparados para ese momento final de la muerte de nuestros queridos padres. Nosotros queremos estar allí con ellos, evitarles su dolor, posponer su muerte tanto como sea posible, pero finalmente nuestros intentos para hacerlo son en vano. Acabamos impotentes el proceso viendo morir al padre que tanto amamos. Esa cortina de la muerte que se abre a instancias de la defunción, nos proporciona un breve momento donde comprendemos la complejidad de la vida. Entonces se cierra de nuevo, dejándonos a algunos de nosotros un enorme vacío, pérdida y confusión y, a otros, con esperanza y alivio.

La causa de la muerte

Dependiendo de la causa de la muerte, las reacciones varían debido a varios factores. Uno de los más importantes es la forma en que tu padre murió. Si la muerte fue repentina, como resultado de un accidente de coche, el shock de la pérdida es instantáneo y devastador. Si la muerte fue larga y prolongada, como resultado de una enfermedad terminal, aunque la tristeza es grande, se espera y se sabe y puede acompañarse de una forma reacia de alivio hacia la defunción. Para casi todo el mundo, es muy importante estar presente en la muerte de unos padres. Ellos te crearon y el intenso vínculo que se formó desde tu nacimiento hasta su muerte nunca podrá romperse.

Con frecuencia, la gente declara que la muerte ocurrió tras ausentarse por la noche para ir a casa a darse una ducha o incluso mientras salieron de la habitación del hospital para ir al baño. Tras ello, la gente tiene ese sentimiento de culpabilidad y pasan mucho tiempo martirizándose con pensamientos como: "Desearía haber estado más tiempo" o " Desearía que alguien me hubiese llamado para saber que la muerte era inminente" o (en mi caso): "¿Por qué él no pudo esperar tan sólo un día más para que llegara a tiempo? Personalmente, yo sólo he visto a una persona morir y fue de forma muy tranquila, en absoluto como me explicaron que fue la marcha de mi padre. El hecho de no ver la muerte real puede dejar a uno con una experiencia de pérdida sin resolver, sin cerrar.

Todos sabemos que un día vamos a morir, pero de alguna forma parece ser algo que ocurrirá muy lejos en el futuro. Los sentimientos de devastación y pérdida son tan inmensos que nuestro sistema inmunológico pone un factor de protección automático llamado shock. Cuando alguien cercano a nosotros fallece, lo primero que experimentamos es este shock.

El shock inicial de la pérdida

Uno de los primeros sentimientos que experimentamos cuando nos comunican la muerte de un ser querido, es una riada inmediata de sentimientos, una intensa reacción emocional. En ese momento, se puede producir una absoluta crisis nerviosa, una inmensa explosión de pena incontrolada en forma de lágrimas. Después, cuando se desploman las lágrimas, como en el shock, generalmente existen sentimientos de desorientación y desconcierto.

Uno puede experimentar pasar por un estado anestésico de atontamiento. Este es el mecanismo de defensa que nuestro cuerpo dispara para prevenir un posible daño. Entrarás en una especie de aturdimiento que te inmovilizará. Se parece a la lucha o al síndrome de ansiedad de volar con el que regresas a los viejos días de los hombres de las cavernas en temor constante por la propia vida, en el que uno "lucharía" o "levantaría el vuelo" (huir de una situación).

En mi caso, no fue un shock por una muerte inesperada. Mi padre tenía cáncer y sabía que moriría en un futuro no muy lejano, simplemente desconocía cuándo. Eso no hace la pérdida menor, sino diferente de la producida por una muerte inesperada, como un fatal ataque al corazón o un accidente de coche.

Reacciones en el momento de la muerte

Las primeras reacciones a la muerte de un padre pueden variar pero sólo en la primera etapa del shock. Una vez que el shock comienza a remitir, el luto es bastante más consistente, depende de la cercanía de las relaciones familiares con el afectado. Si la pérdida es repentina, como una violenta muerte accidental, un suicidio o un ataque al corazón, o esperada, como una larga enfermedad, las fases iniciales de la pena pueden ser diferentes.

Pérdida repentina de un padre

Con la pérdida repentina, uno es incapaz de decir adiós adecuadamente y pueden existir asuntos pendientes que conduzcan a la culpa y a la lamentación por el camino. Si la muerte fue violenta, entonces existirá la emoción añadida de la ira dirigida hacia el causante de tal muerte combinada con el shock y el duelo. Nuestros cuerpos podrían experimentar la pérdida a un nivel psicológico diferente. Existen muchos factores que influyen en el shock y la pena de una repentina pérdida y estas cuestiones aumentan en la medida de lo siguiente:

*¿Se pudo haber prevenido?

* ¿Se podría haber obtenido otro resultado si nuestro padre hubiese tenido otras atenciones?

* ¿Hubo algo en particular que se pudo hacer para cambiar o prevenir el resultado?

* Si fue un suicidio, ¿habría ayudado escuchar u observar más?

* Si fue un accidente de coche, ¿se puede culpar al último mecánico que hizo la revisión?

* ¿Le dijiste que le querías la última vez que le vistes o te despediste enfadado?

Pueden surgir todas estas preguntas y realmente para la mayoría no son relevantes, incluso aunque se sienta que lo son. La ira y el dolor por el fallecimiento pueden afectar la forma en la que vemos las cosas insignificantes y nos hace culpar innecesariamente a nadie y a nada. Es importante recordar que, cuando el tiempo pasa, estos sentimientos de intensa ira y el deseo de culpar a una causa externa, se reducirán.

La esperada pérdida de un padre

Cuando tus padres mueren de una larga enfermedad, pueden existir diferentes sentimientos, que van desde el luto, la culpa e incluso el alivio. Yo he escuchado a gente discutir sobre la muerte de un padre, declarando que se sentían contentos de que su padre hubiese muerto y se hubiese acabado el sufrimiento. Al mismo tiempo, padecen ese sentimiento individual de extrema culpa por sentirse aliviados tras el fallecimiento de su padre. No existen formas acertadas y equivocadas de sentir. Todo el mundo experimenta la pérdida de un padre a su manera, con muchas características comunes a la pena.

Sé paciente contigo mismo y entiende que está bien sentir como sientes, siempre que no sea destructivo para ti de ninguna forma. Si es así, entonces necesitas plantearte ayuda profesional para superar este período de duelo particularmente duro.

Cuando tus padres fallecen, la relación todavía existe a nivel espiritual, pero es muy difícil darse cuenta de esto en las primeras etapas del luto. El trauma y la confusión inicial de perder a la persona que te aconseja, que te reconforta cuando te sientes deprimido y quien siempre e incondicionalmente está ahí para ti, llega a ser evidente cuando llega el shock y se impone la realidad. Resulta alarmante saber que no vas a contar más con ese apoyo y que ahora te has convertido en una persona adulta.

Si fueses el asistente de tu padre y hubieras estado agónicamente colgado de su cabecera los últimos meses de su enfermedad, habrías tenido sentimientos culpables de alivio. Es esta sensación de alivio que finalmente podría atormentarte lo que realmente agrega tensión a tu cuerpo. Incluso en esas primeras etapas de duelo, es importante reconocer que no hubo nada más que pudiste haber hecho para prevenir el fallecimiento.

2 ~ LOS PRIMEROS DÍAS

"No eres completamente un adulto hasta que pierdes a un padre".

~ Fay Schmidt

Por ser la más joven de cinco hijos y la pequeña de la familia, yo estaba particularmente unida a mis padres. Cuando era una niña, me permitían subir a su cama entre ellos, donde felizmente caía dormida hasta ser devuelta de nuevo a mi cama. Incluso siendo un adulto, cuando visitaba a mis padres, solía subir a su cama, ponerme entre ellos, sólo por diversión, y saboreaba los recuerdos del sentimiento de seguridad y estabilidad.

La semana después de la muerte de mi padre, sabiendo que mi madre estaba sufriendo aquella pérdida, me metí en su cama a su lado hasta que ella se quedó dormida. Después de casi sesenta años durmiendo junto a la misma persona cada noche, una de las cosas más difíciles para ella fue ocupar aquel sitio vacío. Con la muerte de mi padre sentí como si hubiese perdido una parte del cuerpo que nunca podré recuperar. Yo podía imaginar que mi madre se sentiría mucho, mucho peor.

Exactamente casi un año antes de que mi padre falleciese, le diagnosticaron una leucemia linfática crónica, lo cual puede indicar un declive largo y lento. Yo comencé el luto un año antes de la misma forma que lo hice tras su muerte. El sentimiento no era menos intenso. Sabía que iba a perderle. Estaba invadida de pánico y temor y me sentía impotente pero también decidida a ayudarle de la forma que pudiese. Hice lo que pude para animarle a curarse, para darle fuerzas. Yo no quería que mi padre viese lo asustada que estaba. Comencé a viajar para visitarle y le llevaba CDs sobre auto hipnosis y libros sobre auto curación. En el momento de su muerte, sentí no haberlo hecho mejor. Finalmente, tuve que reconocer y aceptar que no tenía control sobre su vida o su muerte. Yo había pasado por una profunda angustia sobre el hecho inevitable de su pérdida.

Aceptando la realidad de la muerte

Todos vivimos con el temor a la muerte. Es difícil para nosotros aceptar el hecho de que vamos a morir. Ninguno estamos preparados para ello. Cuando sucede, incluso aunque lo hayamos aplazado como algo que no nos ocurrirá, nos aterroriza descubrir la naturaleza misma del fin de nuestra experiencia humana. Intentamos que no nos pase, incluso aunque notemos que nuestros amigos están afligidos por ello. Crecemos con un intenso temor a la muerte, más que con un calmado acercamiento espiritual a la muerte como parte de la vida. Nos enseñan que la muerte es algo que debemos temer, todo lo contrario a algo que debamos dar la bienvenida.

No importa qué creencias espirituales tengamos, eso no resta el sentido de pérdida o la angustia de perder a un ser querido. Hay siempre una parte de nosotros, por muy espiritual que sea, que duda de la existencia de algo después de la muerte. Así que cuando vemos a nuestros queridos padres en un ataúd en su funeral, hay algo muy definitivo que confirma la realidad de la muerte en nuestras mentes.

Yo necesitaba ver el cuerpo de mi padre para aceptarlo, pero no me lo permitieron. Esto me dejó con una sensación de impotencia y enfado. Estoy enfadada con mi familia por no permitirme verlo, aunque mirando atrás, no hubo ninguna intención deliberada en negarme aquel permiso. El enfado ha remitido porque me di cuenta de que era también parte de mi pena y el enfado conmigo misma por no hacerlo en el momento de su muerte.

¿Qué esperar justo después del funeral?

En el funeral y justo después, hay un sentimiento de perplejidad, desorientación e incredulidad. Puedes sentirte como si estuvieses viviendo una película del drama de otra persona. Lleva tiempo comprender completamente la pérdida. Incluso cuando ves que están enterrando a tus padres, es casi como que estás formando parte de un sueño, más que de la realidad. Este es todo el shock inicial. Encontrarás gente que llegará a ti haciéndote aleatorios tipos de declaraciones, como: "Él tuvo una larga vida" o "Lo siento por tu pérdida" o "Al menos, no está sufriendo", así como otros muchos comentarios bien intencionados. Por dentro, te sentirás queriendo gritar, pero de puertas para afuera, aparecerás lúgubre e inútil como un reticente participante de una triste representación.

Justo después del funeral, cuando el barullo de gente se calme y todo aquello que te queda es tu familia inmediata, el sentido de pérdida llega a ser más intenso. Cuando pierdes a tu padre, la estabilidad de la familia llega a ser algo frágil y es una época especialmente vulnerable para la viuda. Es un momento en el que la persona doliente puede tomar decisiones precipitadas sin un buen juicio. Es preferible concentrarte sólo en el luto durante los primeros días y no hacer decisiones que puedan alterar la vida.

En mi familia, el segundo día después del funeral de mi padre, mi madre se animó a comprar un coche nuevo, a poner la casa en venta y a publicar un anuncio para comprar otra casa extremadamente cara donde trasladarse. Yo era incapaz de sentarme y mirar esto sin cuestionarlo. Cuando me enteré de que iba a hacerse una oferta para la compra de esta propiedad tan extraordinariamente cara sólo dos días después del funeral, yo me opuse porque no era una opinión que se hubiese meditado con tiempo. Al mismo tiempo que esto siguió su curso, la ropa y las posesiones de mi padre desaparecieron, así que casi vaciamos su presencia de la casa. En la reunión familiar de aquel día, el día después del funeral de mi padre, yo dije a toda la familia que estaban tomando decisiones apresuradas que afectarían al futuro de mi madre. Insistí que esta transición era demasiado rápida y necesitaba pensarse mejor. Como resultado, nuestras relaciones se deterioraron. Mirando hacia atrás, yo pude haber sido más diplomática, porque eran demasiadas emociones. Aquél fue el día en el que mi familia se deshizo. Me di cuenta de que, sin mi padre alrededor, no íbamos a permanecer mucho tiempo como una unidad funcional y que fue mi padre quien nos había mantenido juntos. Cinco días después, volví a Estados Unidos para llorar la muerte de mi padre a mi manera. Sin duda, éste fue uno de los momentos más difíciles de mi vida. Desde este acontecimiento, mi madre sintió que todo pasaba muy rápidamente, incluso aunque ella puso su casa a la venta, ésta nunca se llevó a cabo. Mientras tanto, decidió permanecer allí porque la casa le recordaba a mi padre y lo feliz que ellos habían sido juntos. Así que todo ocurrió como se esperaba. Casi un año después de la muerte de mi padre, mi madre vendió su casa y se trasladó para estar más cerca del resto de la familia.

Las relaciones familiares en juego

Como se puede deducir de lo que me ocurrió, las relaciones familiares se vuelven muy tensas después de la muerte de uno de los padres. Es el momento en el que se producen las discusiones financieras por la supervivencia del cónyuge y sobre cómo se van a abordar las cuestiones económicas. También ocurre cuando se trata con herencias. Pasa también que la parte problemática de las dinámicas familiares pueden salir a la luz, particularmente en familias numerosas donde están en juego las interacciones de rivalidad entre hermanos. Yo escuché a alguien decir que la única familia sin disfunción es la familia de un sólo miembro. Ten eso en mente, cuida que las disfunciones de una familia se lleven por el camino del sentido común. Tómate tu tiempo y piensa en los hechos relacionados con el futuro. No te quedes callado si piensas que se están tomando decisiones mal aconsejadas. Si perteneces a una familia mereces formar parte de la toma de decisiones, o al menos, que se escuche tu opinión. Álzate en favor de lo que crees correcto. Yo no lamento lo que dije aquel día aunque pude haber dicho las cosas más diplomáticamente, pero el intento fue absolutamente correcto. Incluso en mi pena, supe intuitivamente que el duelo lleva a la gente a hacer cosas irracionales. Hay una diferencia entre ser correcto y ser hiriente. Intenta ser racional de una forma que no sea hiriente o acusatoria.

Reacciones al shock

Normalmente, puede haber algunos aspectos que contribuyan al shock después de la pérdida de uno de los padres. A continuación, te muestro dos de las formas en las que reaccionamos, a través de síntomas físicos y emocionales generales, ya sea una pérdida esperada o inesperada:

Síntomas físicos generales del shock emocional

Cuando muere un padre, nada te prepara para la forma en que te sientes al principio. Puedes pensar que el shock es justo una reacción inmediata, pero al final puede prolongarse bastante tiempo después de una pérdida. De hecho, puedes sentirte normal después de algún tiempo, y de repente, experimentar de nuevo los síntomas del shock. Algunos síntomas físicos que se pueden experimentar en un shock son los siguientes:

- Caminar con un insensible aturdimiento.
- Sentirte ausente y desorientado.
- Bajadas o cambios en la presión arterial.
- Vahídos, náuseas.
- Falta de energía y letargo.
- Dificultad para tomar decisiones.
- Ansiedad, con posibles sentimientos claustrofóbicos.
- Incapacidad para reaccionar con emoción, incluso aunque intelectualmente sepas que hay algo que debes experimentar.

Síntomas mentales generales del shock emocional

La parte emocional del shock es tan molesta e inesperada como los síntomas físicos, especialmente porque nunca se ha experimentado en un contexto anterior a la pérdida. La primera vez que experimentas la muerte de alguien cercano, no puedes compararlo con nada parecido. Tú has visto a otras personas perder miembros familiares y has confortado a otros, pero nunca has experimentado el verdadero sentimiento de pérdida de un padre. Puedes haber contemplado la experiencia con temor, pero la primera vez que ocurre, te das cuentas de que es diferente de lo que imaginabas. Espera esta diferencia, y reconócela. Te ayudará a pasar lo que vendrá. Los síntomas del shock emocional mencionados a continuación, son algunos de los que podrías esperar:

- Aislamiento o retiro de las interacciones o comunicaciones sociales con otros. No querer ser el centro de atención.
- Preferir estar solo, por tu cuenta.
- El olvido, como maravillarse por qué uno ha entrado en una habitación o la repentina pérdida de pensamiento o la confusión en mitad de una frase.
- Incapacidad para interaccionar con otros.
- Incapacidad y rechazo para realizar tareas diarias que implican ver a otros en sus vidas "normales", en lugares como la oficina de correos o el supermercado.
- No querer estar en sitios donde la gente parece feliz y despreocupada de tu dilema particular.
- No desear ver al resto del mundo hasta que lo tuyo se haya pasado.
- Reacciones impulsivas a eventos normales mundanos.
- Tirarse a la piscina (precipitarse) - Reacción en vez de acción. En vez de tomarte tu tiempo para considerar las consecuencias de una acción, uno puede reaccionar de una forma fuera de lo normal.

¿De qué formas diferentes reacciona cada uno al shock de la muerte?

Cada uno puede reaccionar de forma diferente ante el anuncio de una muerte. Durante la fase de shock, justo al comienzo, no se experimenta todavía el verdadero impacto de la pérdida.

Puedes pensar que la gente está llevando la muerte relativamente bien, porque ellos no están siendo emocionales, pero en realidad ésta es sólo la fase del shock. Cuando el tiempo pase y la fase del shock parezca concluida, te darás cuenta de las verdaderas reacciones de la pérdida.

Lo siguiente describe justamente algunas de las diferentes reacciones experimentadas por el intenso shock emocional de perder a un padre. La intención principal aquí es saber que lo que estás experimentando es perfectamente normal, incluso aunque no lo sientas así. Cada ser humano del planeta experimenta tu pérdida antes o después y sentirá lo que tú sientes. No estás solo.

☐ Algunas personas reaccionan inmediatamente y otras pueden retener esa reacción hasta más tarde, mientras se mueven aturdidos, intentando procesar lo que ha ocurrido.
☐ La cercanía de la relación con el fallecido puede también contribuir a la forma en que se reacciona a una noticia de este tipo. Tiene relación con el tiempo que necesite cada persona para recuperarse del dolor o el luto por la pérdida.
☐ Las principales creencias y la aceptación espiritual sobre la vida y la muerte varían bastante de individuo a individuo y pueden también afectar a las reacciones de la gente.
☐ Algunas personas puede sentirse inconscientemente perturbadas y no querer tratar con las emociones, manteniéndose ocupadas viendo la televisión, hablando constantemente o buscando compañía para no estar solas.

Cuando se pierde a un padre, uno pierde la fuerza más estable de su vida. Nuestro padre estaba allí cuando nacimos y fue la roca que permaneció y nos protegió mientras crecimos. Esta persona fue una constante en nuestra vida, eso no se puede cuestionar. La idea de que un día nuestros padres no estuviesen era tan aterradora que colocábamos este pensamiento muy atrás en nuestro cerebro, donde con un poco de suerte no nos molestaría. Sin la protección de nuestros padres, no hubiésemos sobrevivido a la infancia. Incluso aunque hubiésemos llegado a la vida adulta y continuado con nuestras vidas, todavía sentiríamos que podemos contar con ese amor y apoyo paternal. Por eso, como adultos, la pérdida de esa protección reconfortante golpea completamente las bases de nuestro mundo, incluso aunque funcionemos perfectamente bien sin ellos en nuestras vidas. Nosotros nos casamos, tenemos nuestros propios hijos y vidas, pero eso nunca suprime la estabilidad original y constante que recibimos de nuestros padres.

Se dice que estar con alguien en el momento de la muerte abre la cortina al mundo de lo desconocido para aquellos que todavía viven. Esto te permite ver el mundo de la muerte sólo por un breve momento y después la cortina se cierra de nuevo. Es la razón por la que muchos trabajadores de hospitales y miembros de la familia presentes en el momento de la muerte, aseguran haber visto a la persona moribunda hablando en la habitación con los familiares muertos. Se especula que, en el momento de la muerte, el moribundo ve a sus amados y amigos que han venido a ayudarle a hacer la transición. Recientemente, la hermana del difunto ejecutivo de Apple, Steve Jobs, escribió un artículo donde revelaba que las últimas palabras de su hermano fueron: ¡"Guau"!, !"oh, guau"!, mientras miraba al aire más allá de la familia. Uno puede sólo especular las maravillosas cosas de bienvenida que él debió ver en el momento de su muerte.

El shock y otras causas de desorganización (caos)

El shock inicial, que puede durar varias semanas, es un período de desorganización. Esto incluye sentimientos de desorden casi fuera de control y pérdida de memoria, es decir, descubrirte en algún lugar sin recordar cómo llegaste allí e incapacidad de hacer cosas. En esta etapa, el shock y la desorganización casi preceden al duelo.

Cuando las víctimas por accidente experimentan el trauma, en realidad no lo sufren inmediatamente después. Es casi como si un factor de protección viniese incorporado al dolor. Un amigo me dijo una vez que sufrió un terrible accidente de moto y se dirigió primeramente a un coche. Cuando el médico de urgencias llegó allí, él le dijo que se encontraba perfectamente, mientras ellos le miraban horrorizados. Su rostro se había derrumbado por completo y no podía sentir nada debido al trauma.

De la misma forma, después de la muerte de un padre, incluso aunque la muerte sea esperada, las primeras semanas consisten en shock y confusión. Puedes sentir como si algo del dolor hubiese remitido por una función protectora automática del cuerpo. La pérdida nos deja en un estado de existencia dentro de un ambiente irreal que es impalpable. Cuando ese tiempo termina, se experimenta una consistente desorientación y desorganización. Hay pérdida de memoria y la gente cuenta con frecuencia la experiencia de entrar en una habitación y olvidar por qué lo hizo. Esta experiencia de existir solamente en un largo y duradero estado de entumecimiento, es muy normal. Este estado de confusión y desorganización puede durar varios meses y puede solaparse con el proceso de pena y luto. Uno no excluye al otro.

Cuando el tiempo pase, podrás volver a mirar este momento y comprobarás que has olvidado completamente ciertos acontecimientos que tuvieron lugar poco después de la muerte de tu padre. Durante este período, las esperanzas que uno pudo haber tenido de prevenir este cataclismo comienzan a disiparse lentamente y sentirás un sentimiento de debilidad cuando te des cuenta de la realidad de la pérdida.

¿Cuándo desaparece el entumecimiento?

Cuando el atontamiento inicial y el shock comienzan a disiparse, sentimos entonces el golpe del impacto. En este momento entendemos la realidad de la situación, es decir, nos damos cuenta de que nunca más volveremos a ver a nuestro padre, y es cuando el peso completo del dolor nos golpea como un mazo y brotan nuestras lágrimas. Esto podría iniciar una fase de dolor real y depresión. Es ahora crítico cuidar de nosotros mismos y de nuestras necesidades personales.

3 ~ EL PROCESO DEL DUELO

"Se siente como algo que nunca vas a superar, pero lo haces".

~ Carmen

Perder a mi padre fue una de las experiencias más duras de mi vida. Recuerdo volver a los Estados Unidos y descubrir mi casa llena de gente feliz. Mi cuñado, sin yo saberlo, había invitado a su hijo, su nuera y 3 hijos (dos de los cuales eran muy jóvenes) para estar en mi casa mientras estábamos ausentes. Yo volvía apenada, ocho días después de la muerte de mi padre, y me encontré con una gran cantidad de gente en nuestra pequeña casa. Todo lo que pude hacer fue encerrarme en mi habitación y salir sólo para las comidas durante unos cinco días, hasta que la casa se quedó vacía de nuevo. Yo no quería socializar ni hablar con nadie, así que me encerré en mí misma.

Aquella semana, fui a la oficina y observé a todo el mundo riendo y sintiéndose feliz y me sentí una extraterrestre. Estaba en un lugar muy doloroso. Ver a otros experimentando felicidad mientras yo había sufrido una pérdida tan terrible, era incomprensible para mí. Entré en la oficina de otra persona a cuyo equipo yo pertenecía, y él dijo: "Gee, lo siento por tu pérdida", y entonces dijo: "Venga, ¡vamos a hacer algo de dinero!". Tuve que irme inmediatamente y volver a casa, donde pasé el siguiente mes, llorando la muerte de mi padre.

Diferencias entre el duelo y el luto

El duelo es la emoción que sigue a la pérdida, mientras que el luto es el hecho de experimentar y procesar la pena. El período de duelo es el período de tiempo en el que pasas llorando la pérdida de tu ser querido. Estas dos emociones, que son diferentes, son también muy similares y se solapan una con la otra. El significado del duelo es privarte de alguien querido a causa de su muerte. El proceso de duelo es el proceso a través de este estado de pena y luto.

Sobre la pena

La pena del luto es hoy la emoción humana más subestimada por nuestra sociedad. Incluso aunque la pérdida de un padre y el duelo consiguiente es lo único que nos une, debido al hecho de que vamos a pasar por ello algún día, parece ser la única emoción que nadie quiere reconocer. No hay excepciones a esto en ninguna de nuestras vidas porque, en algún momento, todos nosotros perderemos a alguien que amamos. Ya sea un padre o una madre, una esposa, un hermano o hermana o un estimado amigo, experimentaremos la pérdida. Algunas personas se alejan de los dolientes durante el proceso de duelo por varias razones, quizás temor o no querer sentirse implicados emocionalmente con el dolor del otro, o quizás por ser una anticipación de la pérdida de sus queridos padres. ¿Qué tiene la pérdida de un padre que nos afecta tan profundamente?

Nuestro padre está ahí desde el principio de nuestras vidas. Incluso aunque en ocasiones nosotros lo despreciemos, ha sido uno de los momentos más consistentes y estables de nuestra existencia. Es difícil para nosotros imaginar nuestras vidas sin nuestro padre, aunque sólo sea la comodidad de descolgar el teléfono y saber que podemos charlar, incluso viviendo lejos.

Cuando veo a gente tener poca empatía con los otros, sé que es sólo una cuestión de tiempo porque en algún momento experimentarán su propia pena y pérdida. ¿Cómo lo sé? ¡Porque yo fui esa persona! Yo fui la persona que no sabía qué decir a otros que estaban pasando por semejantes pérdidas, que prefirieron no asistir a funerales o quedarse con aquellos que estaban tristes. Nunca he pasado por la pérdida de alguno de los míos. Cuando mi padre murió, experimenté por primera vez el monumental impacto de la intensa pena por la pérdida de un ser querido. No tenía idea de cómo la pena me haría sentir o de la magnitud de su muerte, hasta que me ocurrió.

Quien experimenta el duelo por primera vez se siente completamente devastado por las variadas emociones experimentadas, del enfado al rechazo, al retiro y a la culpabilidad. Necesitas gente que pase tiempo contigo y te deje hablar. Alguien que esté ahí mientras experimentas la peor tristeza y dolor de tu vida.

El shock, el atontamiento y el escepticismo van dejándote una profunda tristeza, pena y luto, cuando te enfrentas con la enormidad de la pérdida.

Muchos tememos que enfrentarnos a esta enorme pérdida será demasiado para nosotros y que la intensa pena emocional nos sobrepasará. Si se reconoce la pena, finalmente desaparecerá. La pena que no se reconoce, normalmente reaparece. La mayoría de las sociedades occidentales esperan para superar una pérdida, digamos un mes, aunque en realidad, después de dos semanas la gente deja de preguntar sobre los afligidos. En el ámbito laboral, se suelen conceder tres días de luto y se espera después el regreso al trabajo y a la normalidad. Sólo alguien que ha pasado por este proceso, entiende verdaderamente que el duelo no podrá completarse dentro de esos cortos espacios de tiempo que nos permite la sociedad.

El propósito del luto

Hay un propósito del luto, incluso aunque no lo sintamos así. Puedes sentir que queda aún una eternidad de tristeza por delante, pero realmente no es cierto. El propósito del luto no es sólo rendir tributo a nuestros padres muertos, sino también darnos tiempo para curarnos.

Un amiga mía me escribió la cita al comienzo del capítulo, antes de que mi padre muriera, mientras yo estaba discutiendo la melancólica perspectiva de la pérdida de sus propios padres: "*Se siente como algo que nunca superarás, pero lo haces*". Yo no entendí realmente lo que quiso decir con aquello, porque no podía comprender el gran impacto de la pena en aquel momento. Yo lo entiendo ahora. Se siente como si la pena nunca fuese a terminar. Cuando estás feliz, el tiempo vuela, pero cuando estás triste, pasa muy lentamente. Sin embargo, con cualquiera de las emociones, el tiempo pasa también. Así que, como dice el viejo refrán, "*esto también pasará*". Entiende que hay un final a lo mal que puedes sentirte y que, con el tiempo, sentirás cómo la tristeza va remitiendo.

Cuando regresé a mi casa, me percaté de que ninguno de mis amigos se ponía en contacto conmigo. No podía entenderlo. ¿Dónde estaban mis flores? ¿Y las tarjetas de pésame? Me di cuenta de que es muy difícil, incluso para tus amigos más cercanos, tratar con tu luto tras la muerte de un padre. Esto es aplicable también a los conocidos cercanos con los que normalmente te relacionas. Finalmente tuve que llamar a los amigos para quedar a tomar un café. Me sentía tan sola y aislada durante aquel tiempo... Una vez que mis amigos vieron que yo me encontraba bien como para pasar tiempo con ellos y que yo no me derrumbaría constantemente, comenzaron a regresar a mi vida con toda su fuerza. Ahora tengo que poner excusas para no salir todo el tiempo. Se dice que los verdaderos amigos se cuentan con una mano. Yo puedo confirmar esto.

Durante aquel primer mes, en el que dormía todo el día, encontré un terapeuta y un grupo de duelo donde asistir. Investigué el proceso de la pena y el luto y cuáles eran sus efectos y adquirí también libros sobre el duelo. Tuve que entender por lo que estaba pasando porque no era nada que hubiera experimentado antes. Nada en mi vida me había preparado para la experiencia del dolor por la muerte de mi padre.

¿Cómo es la pena?

Durante el primer mes, la pena por la muerte de un padre es tan intensa y desconcertante, que te da la impresión de no poder controlar ningún aspecto de tu vida. Entre tanta confusión, perplejidad y angustia, te das cuenta de que todavía te queda por pasar parte del shock de tu viaje. La pena consume nuestra energía y es apabullante en su propia naturaleza.

"Todos los acontecimientos son bendiciones que se nos dan para aprender".
Elisabeth Kübler-Ross.

Las etapas de la pérdida

Me gustaría reconocer a Elizabeth Kübler Ross las cinco etapas de la pérdida: Negación, Ira, Negociación, Depresión y Aceptación. Quisiera también comentar que éstas se escribieron específicamente para la gente que estaba próxima a la muerte y ayudarles así a sobrellevar su inminente fallecimiento.

Para explicar esto, te muestro brevemente el siguiente desglose:

- Negación: "Esto no está ocurriendo. Debo estar soñando. No es real. Es un error".
- Ira: "Esto no es justo. ¿Quién es el responsable? Necesito culpar a alguien. Estoy enfadado con el mundo, con Dios, con todo aquel que haya depositado este infortunio sobre mí".
- Negociación: "¡Por favor, Dios, si me permites vivir, te dedicaré el resto de mi vida! Haré lo que sea, trabajaré para los pobres, ayudaré a alimentar a los niños hambrientos de África, etc.".
- Depresión: "Me siento triste y me doy cuenta de que ha terminado mi vida y me voy a morir".
- Aceptación: "No voy a estar triste. Me doy cuenta de que esto es parte de la vida y la acepto, y estoy preparado para marchar".

Las etapas citadas se plantearon para aquellos que se estaban muriendo. Estas etapas no presentan este orden específico, es un orden general que puedes emplear una vez que seas capaz de ir y venir por todas ellas. Estas etapas se utilizan también para definir la recuperación por la pérdida de un ser querido.

Las etapas comentadas fueron las que yo experimenté y así me di cuenta de que otros, que estaban pasando por lo mismo que yo, también lo hacían. Supe que era una progresión definida de emociones, similares a las originales etapas comentadas anteriormente, pero diferentes. En mi caso, no parecieron encajar en el pulcro paquete de las etapas mencionadas.

Etapas de la pena según mi perspectiva

- Shock: La realidad misma de que el padre o la madre ha fallecido. Hay un sentimiento de formar parte de un sueño que no está sucediendo realmente. En esta fase, hay de hecho muy pocas lágrimas y sólo un sentimiento general de absoluto entumecimiento y desorientación. El shock viene acompañado de un extraño sentimiento psicodélico, casi como estar con el subidón de una determinada droga. Es similar a un sentimiento disociativo que viene acompañado de una falta de claridad mental, enfoque y cognición. Se podría comparar a una experiencia extra corpórea. Una vez que el shock comienza a remitir, sólo entonces nos damos cuenta del impacto total de la pérdida.

- Incredulidad: En el momento en que recibes la noticia de la pérdida de tu querido padre o tu querida madre, ya sea esperada o inesperada, nos parece increíble. Existe incredulidad sobre el hecho de que haya muerto y necesitamos confirmar que realmente ha pasado, aunque hayamos presenciado su muerte. Algunos necesitan finalmente ver el cuerpo para confirmarlo y otros sólo convencerse mirando la expresión del portador de noticias.

- Intensa Pena/Depresión/Llanto: Después de que el shock y la incredulidad desaparecen, nos golpea el verdadero impacto y la rotundidad del hecho, y sentimos entonces el intenso dolor por la pérdida. En esta etapa, experimentamos una tristeza incontrolable e interminable y lloramos la muerte. Todo el impacto de la imposibilidad de volver a ver a nuestros padres resuena ahora en nuestros corazones y nos conduce a través de un grave sufrimiento y angustia. Es el momento en el que necesitamos ser capaces de lamentarnos y llorar tanto como queramos, sin que nadie pueda reprimir nuestro comportamiento.

- Necesitamos ser capaces de hablar con nosotros mismos y que nos reconforten por nuestra pérdida, a nuestro propio ritmo. No hay prisa para nuestra pena. La depresión se asocia normalmente con este dolor. Es un momento extremadamente importante para cuidar de nuestra salud física. Durante este período, se pueden ver afectados nuestro sueño y apetito. La pérdida del apetito y el insomnio, que son síntomas comunes de depresión, están fuertemente relacionados con el duelo.

- Ligera mejoría: A medida que pasan las semanas, los espacios entre los momentos de llanto empiezan a alargarse. Cuando el tiempo pasa y aunque sean apenas reconocibles, otros intereses empiezan a ocupar su lugar en nuestra conciencia. Al quedar con amigos, ir de paseo o volver al trabajo, nuestros pensamientos se desvían ligeramente de nuestra pérdida y llegan a ser más dominantes cuando pasa el tiempo.

- La intensa pena por un corto período de tiempo acompañada de depresión y llanto: La pena regresa en momentos inesperados y se siente tan intensa como directa era al principio de la pérdida. Viene desencadenada por escuchar una canción en el supermercado o un objeto familiar que puede traer de vuelta los inmensos sentimientos de pérdida en cualquier momento.

- Ligera mejoría: Incluso en períodos más largos entre momentos de llanto.

- Las etapas de intensa pena y ligera mejoría continúan permutándose por bastante tiempo, reduciéndose así el sentimiento de dolor. Estas ligeras mejoras llegan a ser más frecuentes y reconocibles.

- Aceptar la pérdida, sentirte más contento y, de nuevo, formar parte de la sociedad. Sentimiento de energía renovada y disfrute. Salir con amigos, ver películas, trabajar, disfrutar de la vida otra vez y reír.

- Recaídas en la pena, con menos frecuencia. Existen todavía momentos de tristeza y reflexión y lágrimas ocasionales cuando estás solo.

- Aceptación de la pérdida. La pérdida es ahora una realidad y forma parte de la existencia de uno. Nunca se olvida a los padres que partieron, pero la pérdida se acepta y se reconoce.

- Recuerdos de la pérdida durante las vacaciones. Las vacaciones que se pasaban honrando a nuestros padres, como el Día del Padre, Acción de Gracias, Navidad, pueden reactivar la pena. Esto pasará y, cuando los años pasen, llegará a ser una tristeza aceptada y esperada durante esa celebración.

La diferencia entre la pena y el luto

La pena es el sentimiento que acompaña muchos tipos de pérdidas. No necesariamente la muerte, sino muchos otros eventos de la vida de uno pueden causar pena, como un divorcio, una separación, la pérdida de un trabajo y muchas otras situaciones desafortunadas esperadas o inesperadas. La pena varía de acuerdo con la intensidad de la relación que tengamos con esa persona querida que perdemos.

El luto es la forma en que se expresa la pena y es más común después de la pérdida de un ser querido. El duelo es el período de pena que sigue a la muerte. El amor por un padre o una madre existe desde el comienzo de tu vida. Después de la muerte, el amor que se sentía no desaparece, sino que continúa, incluso aunque aquel padre no exista más físicamente. Muchas religiones tienen diferentes tradiciones y períodos de luto que la gente debe seguir. El luto es la expresión externa de tristeza por la pérdida de alguien. Abarca un período de tiempo en el que se espera que alguien muestre públicamente que se está pasando por un período de dolor. El dolor y el luto son ambos necesarios y se supone que permite a alguien superar el caos de la muerte y comenzar a vivir su propia vida de nuevo.

El dolor es completamente normal después de una pérdida. Ayuda saber que no eres el único que estás pasando por esto y que otros lo han experimentado también. Durante un tiempo, podrás admirarte de cómo soportaste los intensos sentimientos de tristeza, y por ello, toda lectura sobre el dolor y el luto es importante.

Yo estaba tan poco preparada para la avalancha de emociones que sentí cuando mi primera pena comenzó, que pensé en algún problema físico. No entendí los sobrecogedores efectos físicos y emocionales que la pena tendría en mi cuerpo.

Los síntomas físicos del dolor

Cuando pasas por la etapa de shock inicial e incredulidad, por la que te diriges a los inexplorados territorios del gran dolor por el luto, debes comenzar a experimentar síntomas físicos. Estos síntomas podrían compararse bastante con los experimentados durante la depresión o por una pérdida menor, como una ruptura, un divorcio o la pérdida de un empleo.

Sin embargo, puedes estar tan distraído por los devastadores sentimientos que estás experimentando, que ignores lo que te está ocurriendo físicamente. El dolor puede cobrarse un enorme peaje en nuestros cuerpos. Algunos de los síntomas físicos de dolor pueden ser tan sutiles que puede pasar tiempo antes de darte cuenta de que estás padeciendo estos síntomas. Si no se atienden los síntomas físicos causados por la angustia emocional, se podrían convertir en algo más serio hasta el punto de requerir atención médica.

Te muestro aquí algunos de los síntomas físicos que podrías experimentar. Esto te ayudará a comprender que los síntomas que estás padeciendo están directamente relacionados con la pérdida de un ser querido. Te permitirá saber cómo ayudar a tu cuerpo a tratar con la avalancha de estos síntomas causados por la pena y a entender cómo están interconectados.

1. Estrés: Es bien sabido que el estrés crónico puede causar muchos problemas físicos y el caos en tu cuerpo. El estrés puede provocar reacciones físicas directamente a través de tu cuerpo, desde ansiedad con ataques de pánico constantes a dolores musculares. Es importante encontrar una forma efectiva de controlar tu estrés.

2. Dolor de estómago y problemas digestivos: estos son los síntomas físicos más comunes provocados por el estrés. Estos incluyen una dolorosa sensación en la parte superior del estómago, diarrea o estreñimiento, así como ganas repentinas de ir al baño, incapacidad de controlar tus propios intestinos. Podría ser similar al síndrome de intestino irritable.

3. Náusea: La náusea está causada por síntomas físicos, como demasiado ácido en el estómago o por una señal del cerebro. En el caso del dolor o la pena, todos los mensajes llegan del cerebro porque la mente empieza a admitir la pérdida.

4. Dolor de cabeza: La tensión por los dolores de cabeza es un síntoma común del estrés. Las migrañas, que son una forma más severa de dolor de cabeza, pueden causar una gran molestia, como dolor palpitante, sensibilidad a la luz, náuseas y malestar general.

5. Sentirse agotado todo el tiempo: Durante el período de luto, es muy común sentir debilidad, letargo y cansancio. Viene también acompañado de una falta de energía y de disfrute. Se siente poca motivación para hacer cosas, como ejercicio o relacionarte socialmente con otros.

6. Dolores en el pecho: Cuando la gente dice que siente el corazón roto por la muerte de un ser querido, puede ser literalmente cierto y se manifiesta en sí mismo con problemas de corazón. Los sentimientos intensos de enfado pueden causar también dolores en el pecho. El estrés puede desencadenar respuestas fisiológicas, que a su vez alimentan tu circulación. El duelo pone en marcha la "huida o la lucha", la respuesta al estrés que puede causar un incremento de la presión arterial y frecuencia cardíaca, poniendo así más presión en el corazón. Esto puede dañar los músculos del corazón, y/o podría crear un latido anormal, entre otros y más serios problemas.

7. Lloro que parece incontrolable.

8. Dificultad para conciliar el sueño o permanecer dormido.

9. Trastornos del apetito: La pérdida de interés por la comida o indulgencia en un exceso de comida son síntomas muy típicos. Mucha gente reacciona de forma diferente a la comida, dependiendo de cómo haya sido su comportamiento previo hacia la misma. Alguien que para de comer cuando está deprimido, como opuesto a quien come en exceso, continuará esos hábitos durante el período de duelo.

10. Crisis en el sistema inmunológico: Una artritis preexistente podría empeorar. Hay personas que han confirmado síntomas constantes de fiebre o pérdida de voz.

11. Pérdida o ganancia de peso: Esto va parejo con los trastornos del apetito. No es algo para alarmarse a menos que la pérdida o la ganancia de peso te deje sin fuerzas, en ese caso requerirías atención médica.

12. Pérdida de deseo sexual: Es bien sabido que los problemas emocionales son la causa más importante de las disfunciones sexuales. Una muerte puede cualificar como un problema emocional. Una vez que alguien pasa a través del período de luto y comienza a asumir actividades normales, el deseo sexual debería volver a lo que fue antes de la pérdida.

Los síntomas emocionales de la pena

Yo vi a un miembro de la familia pasar por la pérdida de una relación. Pregunté si había tomado alguna medicación para tratar con ello y respondió que no porque sabía que era una pena temporal donde los intensos sentimientos de tristeza amainarían después de un período de tiempo y finalmente volvería a la normalidad.

Esto es cierto para la mayoría en lo que se refiere a los síntomas emocionales por la pérdida de un padre. Es buena idea buscar ayuda médica si la pérdida te supera y los síntomas no desaparecen:

1. Depresión: La mayoría de las pérdidas vienen acompañadas por la pena. Si la pena no disminuye, sino que permanece de forma consistente, se puede convertir en depresión. Hay depresiones a largo y a corto plazo. Muchos de los síntomas de depresión son similares a los síntomas del duelo.

2. Pensamientos suicidas: Una muerte hace revalorar la vida de uno. Muchas veces, los que quedan pueden pasar por un período donde su propia vida no parece importante sin sus seres queridos. Hay que prestar atención a los pensamientos suicidas que aparecen ocasionalmente. Si persisten, puede ser necesaria una evaluación médica.

3. Aislamiento emocional: Deseo de permanecer lejos de otros. No querer formar parte de la sociedad por la incapacidad de relacionarse con un mundo en el que tus padres ya no se encuentran.

4. Anhelo y nostalgia por el fallecimiento de un padre: un sentimiento de abandono por el padre que ha fallecido. Desear que el padre vuelva y nos haga sentir bien otra vez.

5. Preocupación o culpa: Esto incluye la preocupación por las finanzas o por el padre o la madre que permanece, o la vuelta al trabajo, entre otras muchas preocupaciones personales. Reflexión sobre lo que pudo haber sido, si hubo algo que pudo hacerse antes de su muerte. Sentirse culpable sobre los eventos que pudieron cambiarse o haber realizado o no determinada acción.

6. Desatención y descuido: como extraviar cosas y olvidar eventos importantes. No recordar por qué uno ha entrado en una habitación.

7. Temor: Ahora que el padre de uno ha fallecido, uno puede sentirse que está en la cola y el temor de que nos ocurra algo tan terrible un día, llega a convertirse en una preocupación. La pérdida de un padre nos hace temer sobre nuestra propia mortalidad. Nos preguntamos si la enfermedad que causó su muerte, podría causar la nuestra también.

8. Rechazo a enfrentarnos con la pérdida, que equivaldría a tener sentimientos opresivos. Esto sólo prolonga el período de luto, porque estos sentimientos saldrán a la superficie más tarde.

9. Soledad: El dolor por la pérdida de un padre es un proceso solitario. Sólo quien mantuvo con su padre la misma relación que tuviste con el tuyo o está pasando por una pérdida similar, entiende verdaderamente lo que estás pasando. Si vives lejos de tu pariente fallecido y de tu familia, es un período muy solitario. Las personas que te rodean son muy amables, pero realmente no entienden o no conectan completamente con tu sentimiento de pérdida.

10. Enfado: Una reacción común a la tristeza inmensa y a la depresión es el enfado. Se tiende a culpar a alguien o a algo del intenso dolor agonizante que se está experimentando. Es

normal el enfado hacia los miembros de la familia, incluidos los fallecidos. No es infrecuente tampoco enfadarse con los doctores, por lo que pudieron o no debieron haber hecho. Muchas personas se preguntan si pudieron hacer algo antes del fallecimiento de su padre . A menudo, existen sentimientos intensos de lamento y culpabilidad porque se especula una y otra vez sobre pensamientos obsesivos de lo que pudo haber sido.

Desearía haber llegado a su lecho de muerte antes de que muriera. También desearía haberle forzado a intentar estrategias alternativas de curación y me sentí culpable porque quizás no hice suficiente. Pude haber sido más insistente y determinada para ayudarle a mejorar de su cáncer. Pude haberle llevado a Oriente donde hay muchas medicinas alternativas que curan a la gente. Todas estas cosas me acosan, porque yo admito impotentemente que lo que ocurrió era inevitable y estaba predestinado. Lamento no haber salido a pasear con él cuando me lo pidió. Nunca pensé que, cuando él ya no estuviera, yo agonizaría por hacer esas pequeñas cosas con él, que entonces pensé que no importaban y que ahora tienen un enorme valor. Lamento haber querido terminar rápidamente mis conversaciones con él porque ahora cada palabra importa.

Finalmente, la pena se reduce si se aborda por completo. Cuanto más conozcas y entiendas el proceso de la pena, mejor lo entenderás y superarás el proceso de luto.

Expectativas de la sociedad

Se espera que aquellos que quedan sientan el luto por las personas fallecidas. Lo que no se espera o se estipula es la cantidad de tiempo que alguien llorará la muerte de otro. La sociedad nos permite unas dos semanas y se espera que después continuemos y participemos en la vida activamente. Sólo alguien que ha experimentado una pérdida mayor, como la muerte de un padre, puede entender realmente que el período de recuperación no se mide por absolutos o en blanco o en negro.

En conclusión, la pena es como una herida que necesita curar. La pérdida de un ser querido es una profunda herida que necesita tiempo.. Siempre verás la cicatriz y nunca olvidarás la herida pero, finalmente, ya no sentirás dolor.

4 ~ UN MES MÁS TARDE

"Nada permanece igual. Todo cambia constantemente".

~ Mandy Warchola

Pasado un mes de su muerte, la vida es caótica. Me siento deprimida, confundida, distraída e incapaz de funcionar. Estoy enfadada y me siento abandonada al consuelo de unos extraños. ¿Cómo es posible que, siendo una familia tan numerosa, esté completamente sola, pasando sola el luto por mi padre? La soledad es insoportable y encuentro muy poca satisfacción en las cosas que hago. Realmente, es el peor acontecimiento de mi vida. ¿Quién iba a imaginar que sería tan duro perder a un padre? Parece que aunque tengas tu propia familia, la pena no es menos devastadora, confusa o intolerable. Despierto con un dolor insoportable en mi estómago, incapaz de dormir y levantarme por la mañana. No puedo trabajar y encuentro insoportable cualquier presión social.

Aunque sabemos que perderemos a nuestros padres en cualquier momento de nuestras vidas, nunca estamos preparados. El dolor y la confusión por la pérdida son devastadores. Las diferentes reacciones por las que pasas no son nada parecidas a como hubieras imaginado que abordarías uno de los eventos más trágicos de tu vida. No importa la edad que tuviera tu padre o si su hora estaba cerca. La pena que experimentas te afectará al mismo centro de una manera primordial.

Durante el primer mes después de la muerte de un padre, necesitas entender los arrolladores sentimientos de dolor. Comprender los síntomas te permite tener alguna esperanza en el futuro, saber que otros han pasado por lo que estás experimentando. Hay gente que está viviendo las mismas experiencias que tú, algunos al mismo tiempo. Y habrá aún más que experimenten la tragedia de perder a sus padres.

Durante el primer mes

Durante el primer mes, si eres afortunado, tendrás a alguien más que sea el sostén de la familia para pedir permiso en el trabajo y tener suficiente tiempo para reorganizarte. Es extremadamente difícil concentrarte y ser funcional, así que date tiempo para afligirte y protegerte. Sé amable y cuidadoso contigo mismo, de la misma forma que tratarías a alguien amado que está enfermo. Trata el luto como si fuese una enfermedad, cuya recuperación necesita tiempo y cuidado.

Es el momento para buscar grupos de apoyo o ayuda profesional de un terapeuta del dolor. Habla con tus amigos más cercanos y sal a tomar un café. Si puedes, aléjate de los eventos sociales más concurridos, porque allí verás de nuevo gente feliz. En esas situaciones, es mejor no asistir, primero porque tú no quieres ser una persona deprimente para los demás y, segundo, porque deberás explicar a la gente por qué estás triste, lo cual despertará tus emociones y se sentirán incómodos. Así será hasta que puedas hablar sobre la muerte sin sentirte intensamente emocional. Lleva tiempo abordar esta situación. No hay atajos para superar la pena. Es un paso simultáneo al otro proceso. No es como un libro, donde puedes saltarte las páginas que no te gusten. Es tu vida y necesitas pasar página en un momento y reconocer lo que se escribió en aquélla antes de pasar a la siguiente.

Ser consciente de la pérdida

Durante las primeras semanas tras la muerte, el evento no parece real. Te sientes como flotando a través del tiempo y te desprendes muy lentamente de tu entumecimiento. Durante este tiempo, puedes comenzar a tener retortijones porque la comprensión de la enormidad de lo que acaba de ocurrir comienza a exteriorizarse y llega a ser tu realidad. En esta fase, casi todos tus pensamientos girarán en torno a la pérdida de tu padre. Los ocupará constantemente. Durante los primeros meses después de la muerte, uno puede cuestionarse si pudo haberse prevenido. Es también común revivir una y otra vez los eventos justo antes del fallecimiento, porque uno intenta dar sentido racional a algo que parece tan irracional.

Aceptar la realidad de la pérdida

Aceptar que tu padre nunca volverá o que jamás te hablará de nuevo es parte de la fase de aceptación de la pérdida. Durante un corto espacio de tiempo, negarás la pérdida real. Hasta que aceptes que tu padre nunca volverá y mientras exista un rechazo a reconocer la muerte, la transición hacia la fase de luto se ralentizará.

En el funeral de mi padre, cuando yo miraba fijamente el ataúd, no creía que él estuviese dentro de esa pequeña caja. Como no me permitieron mirar su cuerpo, fue como si nunca hubiese sabido realmente si estaba muerto. Me llevó varios meses aceptar esto, y me quedé pensando sobre la caja y el aspecto que él tenía allí. Cuando descendieron el ataúd al suelo, seguía sin creerme que él estuviese dentro, o si él lo estaba, quizás aún permanecía con vida. Sabía que era sólo una idea delirante para no enfrentarme con la realidad de su muerte. No quería aceptar que él estaba allí, y no en la esquina, esperándome con una sonrisa en su rostro.

Ser consciente de tu propia proximidad a la muerte

Perder a un padre desencadena el temor a ser los próximos. Siguiendo el camino natural de nuestros padres, no seremos inmunes a la muerte mucho tiempo, como de alguna forma habíamos creído. Hasta que pasas por la primera pérdida de un padre, -padre o madre-, nada te prepara para lo que vas a experimentar. La muerte parece estar mucho más cerca cuando la generación que nos precede ya se ha marchado. El darnos cuenta de esto es otra de las razones por las que reaccionamos tan duramente a la pérdida de un padre.

Es normal sentir una intensa tristeza después de una pérdida

Una vez que eres consciente de la severidad de tu pérdida personal, es normal tener un sentimiento de intensa tristeza. Tan sólo recordar la experiencia de esta intensa tristeza ayuda más a tu proceso de dolor, incluso aunque no lo sientas así en ese momento.

¿Qué influencias se tienen en el período de duelo?

Hay diferentes tipos de influencias sobre el dolor que la gente experimenta cuando siente el luto por la pérdida de un padre. Realmente nadie necesita consejo porque ellos progresarán a su propio ritmo. Sin embargo, puede ayudar conocer estas influencias. Los siguientes factores contribuyen a la duración e intensidad del período de duelo:

- El tipo de relación con el padre influirá sobre la intensidad de la experiencia doliente. Si tuviste una relación muy cercana y admirabas y respetabas enormemente a tu padre, verdaderamente la pérdida será más prolongada y consumirá todo tu tiempo y energía. Si existieron asuntos sin resolver entre vosotros, la pena llegará a ser más compleja y difícil. Puede ser aconsejable discutir estos temas con un profesional.

- Entorno cultural. Ciertas culturas permiten un tiempo determinado para el luto, entre otras tradiciones. Cuando ese tiempo pasa, es momento de seguir adelante y decir adiós para siempre.

- Entornos religiosos que afectarán al tiempo y a la tradición del luto. Muchas religiones miran la muerte de una forma diferente y las prácticas funerarias y el luto varían bastante. Por ejemplo, los budistas creen en la reencarnación, mientras que los católicos creen en el cielo y en el infierno. Los hindúes cubren todas las fotos religiosas de la casa y no atienden ninguna celebración durante un período específico de tiempo. En el judaísmo, los espejos de la casa se cubren para que los dolientes no puedan verse a sí mismos en un momento de intensa pena. Estos son sólo unos pocos de los muchos ejemplos de las diferencias religiosas.

- Un grupo de ayuda puede influir mucho en el proceso de curación. Los miembros de la familia y los amigos que están alrededor para aliviar la carga de preparar comidas, escuchar, simpatizar y dar consuelo, pueden contribuir positivamente a la duración del período de duelo. Sin apoyo, es más difícil tratar con las emociones y pueden reprimirse para resurgir de nuevo más tarde.

- Evitar enfrentarse a estos asuntos rellenando tiempo con horas extras de trabajo, drogas o alcohol u otro comportamiento compulsivo, obsesivo o que permita distraerse.

- Abuso de prescripción de drogas, como píldoras para dormir o auto medicarse para no sentir dolor. Esto reduce también la pena temporalmente y reaparecerá de nuevo más tarde.

Las diferentes reacciones en el período de curación

Recuperarse de la muerte de un padre puede llevar tiempo en el que uno puede comenzar a experimentar inactividad, deterioro o falta de crecimiento en su vida. Cada uno se enfrenta a la pérdida de un padre de forma diferente. La mayoría decide que, después del período de luto, es tiempo de cambio en sus vidas y generalmente, tiempo para empezar a vivir. La curación es un proceso lento que no se puede acelerar.

¿Jugaste a "Rover rojo, Rover rojo, déjame pasar" cuando eras niño y tenías que abrirte camino en una fila de niños, cogidos de la mano, para pasar al otro lado? Podrías usar esa analogía para entender que la única forma para curarte de verdad es atravesar la pena durante el proceso de luto y el reconocimiento de tu pérdida. La pena no es una emoción que se pueda saltar, ignorar o no reconocer. *La única forma de superar la pena es abordarla como mejor te parezca. La pena no es un proceso sencillo de superar. Puedes quedarte aferrado a ella durante un tiempo. Puede que no desees volver al trabajo o quizás prefieras aislarte en tu casa. De esta forma, no tendrás que enfrentarte a la gente que te preguntará sobre tu pérdida.*

En mi opinión, la mejor forma de superar la pena es compartir tu luto con otros que entiendan lo que estás pasando para finalmente reconocer tu pérdida y discutir tus sentimientos y, sobre todo, llorar. Cada lágrima te acerca a la curación. Aunque parezca que el dolor por la pérdida nunca termina, lo hace. Se calma sin que ni siquiera pienses sobre ello y, de repente, un día, te encuentras riendo con un amigo o en un acontecimiento familiar. No eres mala persona porque no estés triste, significa sólo que estás curándote y superando la pena a tu manera.

¿Cuánto tiempo durará el dolor?

Sería genial que pudiésemos conocer la duración exacta de 2 meses, 12 días y 3 horas pero, en realidad, depende de cada uno. Algunos teorizan que se tarda un año; otros, cinco. No hay un tiempo determinado para ello. Nunca te sobrepones a la pérdida de un padre al que adorabas y admirabas. Te sientes mejor y continúas con tu vida, pero nunca lo olvidas. No es posible determinar un tiempo específico real para la curación, pero hay un camino definido para recuperarte y llevar una vida normal. Todo dependerá de cómo te sientas y cuándo estás preparado. Sabrás que el dolor se amaina cuando sientas que tu vida está volviendo poco a poco a la normalidad porque comenzarás a participar en las actividades que te gustan. La mejor solución posible es diseñar activamente un plan para reconocer y abordar directamente tu dolor. No aceptes el consejo de otros o tengas expectativas sobre el tiempo que debería durar tu período de dolor. Cuanto más decidido estés a abordar y resolver tu pena, más rápido irá desapareciendo. Cuando empieces a sentir que realmente quieres vivir la vida intensamente, estarás ya en la camino hacia la recuperación.

Cuidar de ti mismo

Es importante entender los efectos devastadores de la pena en nuestros cuerpos. Es también vital que cuidemos de nosotros mismos durante el proceso de luto por alguna de las siguientes vías:

* Encuentra tiempo y diferentes formas de relajarte y contemplar tu pérdida. Esto incluye permitirte tiempo para sentarte tranquilamente y meditar por ti mismo.

* Si tu casa es un caos, pasa tiempo fuera, en algún sitio donde encuentres calma y tranquilidad.

* Vive el luto sin poner un tiempo límite a tu pena.

- Entiende que pasarás por la desesperanza y la añoranza de tus padres y que el anhelo de verles sólo una vez más nunca desaparece realmente.

- Guarda mucho reposo.

- Come comida sana y bebe agua en abundancia.

- Toma nutrientes si es necesario.

- Haz tu vida simple y sencilla.

- Sal a la calle por terapia o únete a un grupo de apoyo.

- Intenta quedar con la gente para tomar un café y charlar un rato.

- Pasa tu tiempo con la familia y la gente que te hace sentir cómodo.

- Intenta hacer ejercicio aunque no te apetezca.

- Intenta rezar.

- Intenta hablar en voz alta con tu padre y dile cómo te sientes.

- No te presiones para hacer nada, sobre todo al principio, porque puede ser muy estresante.

Yo no recuerdo mucho del primer mes después de la muerte de mi padre porque todo entonces parecía nubloso. Recuerdo que no abandonaba mucho la casa ni intentaba conectar con otros y, sobre todo, tampoco me preguntaba en qué momento de mi existencia estaba. Una parte de mí deseaba que mi padre me hubiese llevado con él. Estaba segura de que iba a pasarlo mejor al otro lado que aquí.

La peor parte fue llevar el luto sola. No entendí la experiencia por la que estaba pasando, nunca había llevado luto por nadie. Me sentía completamente distanciada y alienada de mi familia, que estaba a 22.531 kilómetros de aquí y sentí que a nadie le preocupaba lo que yo estaba pasando.

Me sentaba en el garaje con las puertas cerradas y el coche en marcha y me preguntaba cuánto tiempo tardaría en caer dormida. Sabía internamente que era algo que nunca consideraría seriamente, porque sé que va en contra de los acuerdos hechos antes de que me reencarnara en esta vida. Acabar con mi vida no era una opción, así que debía encontrar otra forma.

De alguna manera, sabía que debía haber gente que se sintiera igual que yo ahí fuera y, poco a poco, comencé a rastrear por internet gente que estuviera pasando por el dolor y el luto. Y dio la casualidad de que encontré a un grupo de acogida a tan sólo dos calles de mi casa, que me dieron la bienvenida con los brazos abiertos. Después de dos sesiones privadas, me uní a un grupo durante nueve semanas y de repente encontré la gente con la que encajaba, que no sólo entendía lo que estaba pasando, sino que estaba haciendo el mismo viaje que yo. Si no hubiera sido por esta experiencia y mi deseo de entender de alguna forma el oculto proceso del dolor por la pérdida de un padre, yo estaría hoy en otro sitio muy diferente.

Adaptarse a un ambiente diferente

Una vez que termina el funeral, la tarea que tiene la familia es tratar con las pertenencias del fallecido. Es necesario que exista una adaptación al ambiente en el que esta persona ya no está. Cada uno tiene que acostumbrarse al vacío de la casa que deja la muerte de un padre. Puede haber muchos recuerdos del fallecido asociados a determinados objetos, como una silla favorita o un programa de televisión que le encantara. Finalmente, la tristeza de esos recuerdos te sobrepasan. Al principio, todos los objetos relacionados con el fallecido pueden ser bastante sobrecogedores. Cuando pasa el tiempo, tales objetos no causan esa intensa pena con sólo observarlos. Tú construyes una tolerancia a lo largo del tiempo para los objetos sentimentales asociados a tu padre. Reserva un lugar especial para cualquier objeto sentimental que tengas y, en ocasiones especiales, sácalos para recordarle.

5 ~ LAS RELACIONES FAMILIARES

"Hay cosas que no queremos que ocurran pero tenemos que aceptar, cosas que no queremos saber pero tenemos que aprender y personas que no podemos vivir sin ellas, pero a las que debemos dejar marchar".

~ Anónimo

Sinceramente creo que si mi padre hubiese estado presente en la mesa dos días después de su funeral, las cosas habrían sido diferentes. La muerte de mi padre cambió intensamente la dinámica y las relaciones entre mi familia y yo. Sentí como que la estructura y el verdadero tejido de nuestra familia cambiaría sin su influencia sobre ella. Personalmente, encontré inquietante que mi familia estuviese haciendo bromas sobre la forma de soportar la pérdida de mi padre. Sin embargo, ahora sé que ésta es una de las muchas formas en las que se aborda la pena.

Aunque se espera que durante nuestra vida un día perdamos a nuestros padres, cuando finalmente llega el momento, es improbable que estés preparado para ello. Las diferentes reacciones por las que vas a pasar no son como las hubieses visualizado tú mismo imaginando uno de los eventos más trágicos de tu vida.

Cuando el funeral termina y el ruido del consuelo se apaga, la familia se enfrenta al hecho de continuar con sus vidas, resolviendo los asuntos financieros de la herencia y otras obligaciones y responsabilidades de los fallecidos. No es con frecuencia un tiempo de armonía porque, dependiendo del tamaño de la familia, pueden existir diferentes opiniones sobre cómo deben hacerse las cosas.

Un momento que debería ser de curación y reconciliación, con frecuencia lleva a la devastación de las relaciones familiares. Como cada persona de una familia aborda la pena de forma diferente, es importante darse cuenta de que cada uno sufre y se cura a su propio ritmo.

Algunos miembros familiares regresan inmediatamente a sus vidas mientras otros se quedan detrás para completar sus roles asignados y reconfortar al padre o a la madre que se queda. A continuación, describo los diferentes asuntos que podrían afectar a las relaciones entre los miembros de la familia:

¿A quién culpar?

Ten mucho cuidado con querer culpar a alguien por la muerte de un padre. Si hay alguien a quien se deba culpar, eso es diferente. Sin embargo, si tu padre murió de forma natural y sientes de alguna forma que fue injusto, o de alguna manera te han engañado, entiende que es sólo parte del proceso de luto. Debido a la tristeza, algunas veces queremos equivocadamente culpar a alguien de lo mal que nos sentimos. Reconoce este sentimiento y entiéndelo. Es natural y normal estar enfadado o destrozado y querer, de alguna forma, hacer responsable a alguien de este pérdida terrible que estás experimentando. Cuando sientas que debes culpar a alguien, sé cuidadoso de hacerlo con alguien más que con otros, como pueden ser los miembros de la familia. Es fácil criticar a los demás cuando uno se siente mal y, además, en este estado emocional. Intenta distraerte con una emoción diferente. Entiende que esta inclinación a culpar a otros es meramente una parte del proceso del dolor.

Intenta evitar el juego de la culpa. Si algo te enfada, aléjate de la situación y regresa cuando hayas tenido tiempo de pensar. Esto es particularmente importante durante los encuentros familiares en el período de duelo. Sé consciente de que cada uno está intentando tratar con sus propios sentimientos de la mejor forma posible. Intenta no juzgar o culpar, mientras asumes la responsabilidad de tu propio rol en la familia.

¿Cómo afecta a las relaciones entre los miembros de la familia?

- Las relaciones entre los miembros y el fallecido. Esto incluye la contabilidad de asuntos sin resolver y las disputas entre los miembros de la familia.

- Los recursos económicos de cada uno de los miembros: en qué grado la muerte afectará a los recursos financieros futuros de los miembros de la familia y cómo desean participar activamente en los mismos.

- Rivalidad y competitividad entre los hermanos: esto puede surgir en familias numerosas como la mía, donde siempre hubo una competición por el afecto, el reconocimiento y la aceptación de nuestros padres. Por eso, los hermanos que sintieron más esa afinidad con los fallecidos, posiblemente sufrirán y lamentarán más su pérdida.

- Aunque una familia pueda experimentar la pérdida en su totalidad, cada uno lo puede hacer de forma diferente. Los miembros de una familia pueden encontrar más fácil sufrir individualmente que junto al resto porque el recuerdo del fallecido es más intenso cuando ve directamente a otros miembros de la familia.

- Los miembros de la familia pueden experimentar enfado, así como tristeza y pena, y ese enfado puede dirigirse a otros miembros por formar parte o estar ausentes en los asuntos del padre fallecido.

- Cuando los hijos se hacen mayores y sus padres más débiles, cambian los roles del cuidado. Con este cambio, llegan también las figuras autoritarias. Las relaciones entre los miembros de la familia cambian, especialmente con los hermanos mayores (de más de 40 años) y, con la pérdida de la figura paterna, emerge un nuevo liderazgo en la familia. Esto indica el cambio de autoridad entre dos generaciones. Es en esta situación cuando las relaciones pueden romperse y cuando los miembros pueden seguir su propio camino tras un desacuerdo.

Abordar los asuntos

Una de las formas de abordar estos asuntos es aceptar la pérdida todos juntos. En los casos donde hay padres divorciados y familias compuestas, es importante no negar a ningún miembro de la familia su participación en las decisiones familiares. Ambas, las familias compuestas y las familias de sangre, tienen el mismo sentimiento de pérdida; sin embargo, puede haber un distanciamiento después del fallecimiento, porque el padre o la madre fallecidos puedan haber sido el nexo de unión de toda la familia.

La diferente forma en que hombres y mujeres sufren la pérdida

Es importante notar las diferentes formas en que hombres y mujeres sienten el dolor. Las mujeres son por naturaleza más proclives al cuidado y a la expresividad que los hombres. A los hombres se les educa con frases como "los chicos no lloran". Esto les hace intensamente duros para expresar el dolor públicamente. Se ha comprobado en algunos estudios sobre el duelo que muchos hombres lloran en sus coches cuando están solos. Las mujeres también lo hacen mientras conducen y enfrente de otros. Así que dentro de una familia, los hombres no pueden llorar y mostrar demasiada emoción, mientras que socialmente se acepta que las mujeres puedan llorar abiertamente. Las mujeres prefieren discutir sus sentimientos con otros, mientras los hombres prefieren mantenerse ocupados en el trabajo o en otro momento y pensar en otras actividades.

Los miembros de la familia sufren de forma diferente

Cada miembro de la familia puede abordar el luto de distinta forma. Puede ser incluso incómodo sacar el tema, porque cada uno desea continuar y olvidarse de la pena que sienten. Es una buena idea crear un proyecto que implique a toda la familia, para unir a todos y recordar las cosas importantes del padre fallecido. Es bueno hablar sobre el padre y recordar momentos divertidos.

Cuanto más se hable de la perdida, más pronto unos podrán ayudar a los otros. La muerte puede unir o destrozar familias. Puede haber diferencia de opiniones, culpa, enfado o desacuerdo. También arrepentimiento por comportamientos pasados de uno hacia otro y promesas renovadas para intentar mejorar las relaciones entre hermanos y la familia que permanece. Los miembros familiares pueden también provocar la pena entre ellos. Un miembro puede estar perfectamente y cuando ve la pena del otro, volver a evocar el dolor. El sentimiento de *"la vida nunca será la misma"*, es cierto. Nunca lo será. Sin embargo, eso no significa que no pueda ser mejor.

El rol del enfado en la pena

El enfado es muy normal durante el proceso doliente. Hay propensión a querer culpar a alguien de la pérdida que estás experimentando. En vez de reaccionar amargamente contra los otros, que es lo más fácil, es necesario canalizar el enfado de forma constructiva. Este período de enfado puede ser perturbador para otros miembros de la familia y para la misma estructura familiar. Los desacuerdos pueden convertirse en discusiones, las cuales pueden afectar profundamente a las relaciones familiares después de la pérdida de un padre. Las personas con las que normalmente no terminamos de tener un trato fácil, suelen ser aquellas que están más cerca de nosotros. Existen sentimientos de resentimiento ocultos entre los miembros de la familia que pueden emerger durante las emociones de dolor después del fallecimiento de un padre. Este es el momento en el cual las familias o bien pueden curarse o autodestruirse seriamente, todo depende de la dinámica existente.

Roles que cambian en la familia

La muerte del cabeza de familia trae un cambio de responsabilidades, así como un tremendo trastorno en la unidad familiar. Se necesita designar a un nuevo líder. Igual que ocurre en cualquier empresa al morir el líder de la organización, es en este momento cuando alguien necesita dar un paso adelante y asumir responsabilidades. En la unidad familiar, podría ser el padre o la madre que queda o los hermanos mayores (si hay más de uno). Tu padre o madre puede haber dejado a alguien a cargo de los asuntos familiares y se necesita respetar su decisión. La unidad familiar es crítica cuando se abordan los últimos asuntos del padre fallecido. Todas las responsabilidades que tenía el padre las deberá asumir otro miembro de la familia.

6 ~ MESES MÁS TARDE

"Quien aprenda a volar un día debe primero aprender a quedarse y pasear, y correr y escalar y bailar; uno no puede volar en pleno vuelo".

~ Friedrich Nietzsche

Después de dos meses, yo siento todavía todo tipo de cosas en mi cuerpo. Tengo dolores constantemente y me siento indispuesta. Es realmente duro continuar con mi vida. Mi estómago me duele por inesperados estallidos de tristeza. He perdido 4 kilos y medio y todavía parece que perderé algo más. Imagino que es más el resultado de no estar interesada en la comida, incluso en la que me gusta, como el helado, el pan y otras comidas favoritas que no me interesan.

Algo inocuo, como recoger unas fotos de mi padre con una feliz sonrisa en su rostro, me produce repentinos momentos de pena que en pocas palabras me consumen completamente. Veo a mi padre de pie junto al flamante Corvette rojo que compré en los noventa y recuerdo una discusión que tuve con él sobre una mancha en el coche. A él le encantaba limpiarlo y, cuando vi aquella mancha, le pregunté acerca de ello. Aunque no le acusé de haberlo manchado, él se lo tomo de esa forma y dijo enfadado que él nunca limpiaría mi coche de nuevo. Yo lloré y le dije en voz alta cómo sentía haberle acusado y cuánto deseaba retractarme. Fue sólo un incidente estúpido que ambos superamos y él siguió limpiando el coche para mí después de aquello. En los últimos años de su vida, cada vez que le visitaba, yo siempre limpiaba minuciosamente sus coches para él. Espero que supiera que era mi forma de expresarle lo mucho que le quería.

Dos meses después de su fallecimiento, todavía sufro en momentos inexplicables. Hay ocasiones en que me parece estar mejor y, de repente e inesperadamente, me sumerjo y me consumo en una impotente tristeza. Estoy todavía enfadada y desamparada y me disgusta que las únicas personas con las que puedo discutir cualquier tipo de sentimientos son unos extraños de un grupo que ofrece terapia para el dolor. Me siento distanciada de mi familia y mi madre no se da cuenta de cómo estoy sufriendo, incluso aunque la llamo cada día. Es muy duro para mí mostrar mis sentimientos en público y me encuentro a mí misma compartiéndolos de manera intensa, pero al final, todo se basa en la honestidad y en las emociones reales.

La curación de la pena

Así que la pregunta es: ¿Cómo empezamos a curarnos de esta tristeza? La pena es un esfuerzo que conlleva un tremendo peaje emocional y físico en la vida de uno. Es una emoción agotadora e incluso la más pequeña de las tareas puede parecer una dura experiencia.

Mi padre tenía un buen refrán que yo he seguido la mayor parte de mi vida, y era algo así como: " Pulgada a pulgada es pan comido, yarda a yarda es duro". En otras palabras, de repente un día superas la pena, sin proyectar muy lejos un futuro que parece abrumador.

La mayoría de la gente que te rodea no es consciente de que estás pasando por un luto, especialmente los dos primeros meses. Ellos esperan que vuelvas a la vida normal después de dos semanas (después de tres días, si ellos son tus jefes). Así que se necesita tiempo para permitir el progreso natural de la pena y el luto. La sociedad es muy crítica sobre la pena, imponiendo que este tiempo es políticamente correcto. En realidad, este *"políticamente correcto"* no está cerca de lo que realmente es correcto. Sé consciente de esto y entiende que la mayor parte de la gente simplemente no sabe cómo reaccionar a cómo te sientes realmente. La mayoría de la gente puede sentirse muy incómoda con las personas que han perdido a un padre y no saben qué hacer. Tú puedes ayudarles diciéndoles que te permitan sólo hablar sobre tu padre sin hacerles sentir incómodo. Es un breve contacto muy importante para ti porque siempre conforta saber que le importas a alguien.

Una pérdida puede traer otras

Muchas veces, cuando experimentamos una pérdida, como el final de una relación, un divorcio, la pérdida de un trabajo, una mascota o un ser querido, no admitimos completamente la pérdida hasta que ocurre otra más grande. Es entonces cuando la suma de todas las pérdidas puede conectarse con la pena más grande y reciente que se padezca. Las grandes pérdidas pueden sacar a la superficie muchas otras más pequeñas y el período doliente puede sentirse afectado por éstas también. La parte más importante de cualquier pérdida es descubrir su significado. Desde el momento en que nacemos, se nos diseña para experimentar las pérdidas. Ya sea por una separación de nuestros padres en nuestro primer día de escuela, por decir adiós a los amigos, cambiar o perder un trabajo, por terminar una relación, perder amigos y familia e incluso perder a una mascota, todos atravesamos por esas pérdidas a lo largo de nuestra vida. Todas estas pérdidas tienen significado y nos enseñan la importancia que tienen nuestras vidas y la relevancia de nuestro viaje con el resto de la raza humana.

Los contratiempos en el proceso del luto

Incluso aunque haya pasado algo de tiempo desde la actual muerte de uno de tus padres y tengas la impresión de que te estás curando, siempre hay contratiempos. No hay un camino claro que te lleve directamente adelante sin tropezar con algunos baches en la carretera. Muchas veces la gente asegura que se siente bien cuando de repente algo les recuerda a sus padres y regresan al momento de la pena y el dolor que ellos sintieron en el momento de la muerte. La pena experimentada en uno de estos contratiempos es muy real y duele tanto como aquel momento. La diferencia es que la pena se calma más rápido que antes. Este es un aspecto importante para entender el proceso del luto. Puedes estar dándote una ducha y, de repente, venirte algo de tu padre a la memoria y comenzar a llorar. Deja que tus lágrimas fluyan y, cuando se calmen, verás que continúas tu vida y tu actividad normalmente.

Recuerdo estar en mi coche yendo a una reunión de negocios cuando empecé a pensar en mi padre. Comencé a sentir ese ahogo familiar en mi garganta y mis ojos empezaron a cubrirse de lágrimas. Dije en voz alta: "No ahora, papá, lloraré por ti más tarde. Necesito estar serena para esta reunión". Con aquella promesa, me tranquilicé, evité embadurnarme de maquillaje y continué con mi día. Efectivamente, mantuve mi promesa y lloré más tarde.

En los primeros meses, estos episodios de pena llegan a ser menos frecuentes, aunque no necesariamente menos intensos. Con el tiempo, se reducirá también ese intenso dolor. Cuando hayas investigado la pena y entiendas su transitoriedad, sabrás que terminará algún día y entenderás que los episodios de pena regresan sólo temporalmente.

Cuando el tiempo pase, serás capaz de hablar sobre tu padre a otros sin llegar a estar triste. Siempre habrá un indicio de melancolía, pero es normal porque tu padre fue todo tu mundo al principio de tu vida. Cuando él te abrazaba, estabas seguro y protegido contra el mundo. Cuando creciste y te alejaste y llegaste a ser independiente, él siguió siendo tu roca, incluso en la distancia. Así que efectivamente, la pérdida es grande, no importa lo que otros digan. Llegará el tiempo cuando la gente que juzgue tu recuperación pasará por la misma pérdida y finalmente será capaz de entender por qué el proceso doliente fue tan difícil para ti.

Pasar el Día del Padre y las vacaciones

Este es uno de los grandes temores de los dolientes. ¿Cómo pasarán las festividades de Acción de Gracias, Navidad, los cumpleaños, los aniversarios y el Día del Padre? La respuesta es ésta, pásalo lo mejor posible, sin sentirte presionado por otros. Si es demasiado doloroso ir a determinado sitio que puede recordarte la pérdida, entonces no vayas de momento. Contrariamente a lo que piensas, quizás no sea tan malo ir y reunirte con miembros de tu familia. Si eres de los que preparan la comida u otras responsabilidades para esa ocasión y sientes que no puedes hacerlo, delega esta responsabilidad en alguien más. Si eres el único que acoge siempre en tu casa a la familia el día de Acción de Gracias y no te sientes preparado, pide a otro miembro de tu familia que sea el anfitrión.

Mi primer Día del Padre fue increíblemente difícil. Cogí las pocas cosas preciosas que tenía de mi padre, su suéter, el bolígrafo y el pañuelo y los coloqué encima de la cama. Grabé un vídeo en el que yo portaba una vela para él y expresaba la importancia de cada objeto con una breve historia. Terminé diciendo cuánto le amaba y le echaba de menos. Incluso 11 meses después de su muerte, este día era muy emotivo para mí y pasé casi todo el tiempo llorando. También estuve en internet donde vi a otros pasar el luto por la pérdida de su padre, con las mismas emociones que yo sentía.

¿Cómo saber que estás empezando a recuperarte?

Cuando la pena empieza a mitigarse y uno comienza a asimilar que está de vuelta a la vida normal, puede decir que está en camino de recuperarse. Cada vez será menos traumático escuchar música que desencadene recuerdos, o ir a sitios o ver gente que formó parte de la vida de tu padre. Uno empezará a sentirse con energía y fuerzas renovadas y mirará el futuro con entusiasmo. Se podrán hacer planes para el verano y se considerarán nuevas carreras. Habrá un renovado interés por la vida. Cuanto ya no estés tan centrado en el padre fallecido y te intereses por otras actividades, te encontrarás viajando ya por el camino hacia la recuperación.

La intensidad de la pena

Poco después de la muerte de un padre, la intensidad de la pena se encuentra en su momento más álgido. Este es el proceso normal del duelo después de la pérdida de un padre. Cada persona siente el dolor de diferente forma, por eso no existe una respuesta definitiva a la pregunta: ¿Cuánto dura el período de dolor? La intensidad y la duración del período doliente varía de acuerdo con el tipo de relación existente con el fallecido, la forma en que se produjo la muerte y si la pérdida fue esperada o no. Cuando pasa el tiempo, la intensidad disminuye. Cada vez que experimentas la pena, te sientes todavía mal, pero la sientes menos intensa. Puedes hablar sobre los sentimientos de pena con alguien que haya perdido recientemente a uno de sus padres. Es muy probable que su historia te ayude. Con frecuencia, ellos se identificarán con tu viaje a través del dolor y te dirán cómo se sintieron.

¿Cuándo buscar ayuda?

Hay veces que cuando se pasa por este dolor, los procedimientos normales de duelo no ayudan a soportarlo. Cuando no se mitigan ciertos signos de luto u otros comportamientos inútiles son aparentes y significantes, puede ser conveniente buscar ayuda profesional. Algunos signos de estos comportamientos son:

- Un excesivo anhelo por ver al padre fallecido de nuevo y centrarse solamente en la pérdida.

- Sentimientos de culpabilidad sobre algo que pudiste hacer para prevenir la muerte.

- Desear morirte con ellos.

- Desear haber muerto en vez de ellos.

- Amplios períodos de depresión con pensamientos suicidas.

- Incapacidad de funcionar en la sociedad o dificultad para encontrar un propósito en la vida.

- Negarse a abandonar la casa tras dos meses del fallecimiento.

- No querer volver al trabajo.

- Negarse a salir de la cama debido al insomnio o a dormir demasiado.

- Abuso de prescripción médica y/o drogas.

- Incapacidad para realizar funciones normales.

- Ganar o perder peso de forma continua y extrema.

- Empezar con problemas de salud física.

- Incapacidad para recuperarse de la pérdida.

El proceso de luto por la pérdida de un padre o una madre es una experiencia muy intensa. La facultad para sufrir la pérdida y continuar, sin ni siquiera olvidar a tu padre, es un proceso difícil. Es bueno buscar ayuda en otras personas, especialmente profesionales en este campo. Hay muchos profesionales médicos que trabajan ayudando a otros a superar la muerte de sus seres queridos. En internet puedes encontrar fácilmente a estos terapeutas del dolor y la pena, así como servicios locales de acogida, e incluso a través de referencias de tu doctor de cabecera o del hospital. Recuerda, tener el corazón roto no es solamente un dicho. Puedes causar un daño real a tu cuerpo si no te cuidas.

No te avergüences de lo que estás pasando. No te sientas cohibido para llorar. Lo raro sería que no lo hicieras. Busca ayuda si lo necesitas porque podría cambiar tu vida. No hay razón por la que tengas que pasar tú solo por la peor experiencia de tu vida, sufriendo tras las puertas cerradas. Has perdido a una de las personas más importantes y experimentas la mayor pérdida de todas, la pérdida de un padre o una madre. Requiere mucho coraje abordar la pena, así que sé amable contigo mismo y perdónate estos contratiempos.

¿Por qué los grupos de dolor pueden ayudar tanto?

Los grupos de dolor son una maravillosa forma de enfrentarse con el luto por la pérdida de un padre y alimenta tu sentido de propósito en el mundo. Especialmente, cuando todos tus amigos siguen con sus propias vidas y tú te sientes perdido. En estos grupos, estarás rodeado por otros que sienten exactamente lo mismo que tú. La soledad extrema del luto disminuye porque puedes discutir tus sentimientos y pensamientos con otras personas. Cuando pasas por un período de luto, sientes de verdad que estás completamente solo y que nadie entiende tu propia pena. Un grupo de dolor desvanecerá la noción de "nadie entiende". En el grupo, escucharás a la gente compartir tantas cosas con las que te sientes identificado. Mientras el resto del mundo sigue dando vueltas y tú sientes que no puedes saltar sobre aquel torbellino, en el grupo te sentirás a salvo para abrir tus sentimientos y reconocer tu pérdida. Es normal sentir que el resto del mundo te ha abandonado o rechazado. El grupo será como un cielo abierto que te preparará para tu viaje de vuelta a la vida. Te sentirás reconfortado simplemente sentándote y escuchando a otros. Tan pronto como te encuentres a ti mismo queriendo unirte y compartir, harás nuevos amigos con quienes poder quedar frecuentemente cuando la terapia de grupo termine.

Si es posible, yo lo recomiendo fervorosamente. Busca grupos de acogida locales, estoy segura de que encontrarás alguno relativamente cerca de donde vives.

Tomar decisiones que cambian la vida

Mientras pasas por el período de dolor, *es importante no hacer ninguna decisión para cambiar tu vida,* como encontrar un nuevo trabajo, trasladarte a otra ciudad, terminar una relación o cualquier otra cosa que normalmente se vería como una acción impulsiva en circunstancias normales. Es buena idea dejar pasar tiempo para madurar cualquier decisión que vaya a tomarse. La muerte de un padre puede llevar a terminar con viejos hábitos y comenzar otros más frescos con nuevas aventuras para hacer nuestras vidas más completas. De repente, uno se da cuenta y experimenta la fragilidad de la vida. Cuando nos enfrentamos a la muerte de un padre o una madre, nos enfrentamos también a nuestra propia muerte que tendrá lugar algún día. Hay un sentido de contar con un tiempo limitado en nuestras vidas, por lo que será mejor "vivir intensamente" mientras podamos. Estos sentimientos están bien, siempre que las acciones que llevemos a cabo no sean dolorosas para nosotros o para otros a largo plazo.

Pregúntate a ti mismo antes de tomar cualquier decisión: "¿Qué me habrían aconsejado hacer mi padres?". Si puedes responder sinceramente esas preguntas desde un punto de vista no emocional, entonces procede. Tómate tiempo para cada decisión. Escribe los pros y los contras intentando elegir la más adecuada. La razón para que pienses cuidadosamente las cosas es evitar cometer errores que lamentarás en el futuro. Comenta tus ideas a alguien que no se sienta emocionalmente implicado.

Lo mismo ocurre cuando te desprendes de la ropa de tu padre inmediatamente después de su fallecimiento. ¿Por qué no esperar hasta que te sientas preparado para hacerlo? Piensa que lo que tiras apresuradamente puede ser apreciado por otros. Tómate tu tiempo y pasa despacio por este proceso.

7 ~ LA PENA Y LAS REDES SOCIALES

"Las redes sociales no consisten en sitios webs, sino en experiencias".

~ Mike DiLorenzo

Cuando estaba pasando por mis momentos más oscuros de pena y luto, descubrí que internet estaba lleno de gente como yo. Estaban pasando por lo mismo. Yo utilizaba Google para buscar sitios sobre el dolor. Facebook pudo expresar mi pena el día que mi padre murió y también pude crear un canal en You Tube en memoria del Día del Padre.

¿Quién iba a imaginarse que algún día un capítulo de un libro se llamaría *"La pena y las redes sociales"?* Finalmente, no lo hice. Hasta que perdí a mi padre, nunca había considerado la posibilidad de que hubiera sitios webs para consolar y reconfortar el duelo de la gente por la pérdida de sus seres queridos. ¡Qué afortunados somos por vivir en la era de la información, donde ésta está disponible sobre cualquier tema! Hasta hace veinte años, tenías que ir a una librería e intentar encontrar el tópico elegido. Hoy podemos acceder a esa información simplemente encendiendo el ordenador y pulsando un enlace. No solamente hay mucha gente sufriendo como tú o yo, sino que hay muchas congruencias entre cómo la gente está pasando el proceso de dolor.

Las redes sociales se han convertido en un lugar público para expresar tu pena. Estos sitios online graban los sentimientos y emociones de la gente y nos recuerdan muy bien que todos nosotros estamos unidos por nuestras pérdidas y que no somos los únicos que sufrimos. Las redes sociales se han convertido en algo dominante en nuestras vidas, es algo que la profesión médica necesita reconocer. En poco tiempo, será normal ver una página en memoria de alguien o una declaración "RIP" entre los amigos de Facebook y Twitter. Los eventos que ocurren pueden ser transmitidos instantáneamente por las redes sociales, para que la gente pueda estar informada en cuestión de minutos. Permite a otros compartir sus historias de pérdidas también y consuela saber que uno no está solo pasando por este momento tan trágico. Las redes sociales proporcionan una salida para la pena y el dolor más rápido que nunca. Se crean páginas en honor a las vidas de personas que han fallecido y permite a otros contribuir con sus historias y experiencias personales así como tener también una salida a su luto. Parece que para los dolientes es más fácil expresar su pena en palabras o bloguear online que hacerlo personalmente.

Hay muchos sitios similares donde uno puede expresar su pena. Existen muchas opciones para comunicarse por internet que pueden beneficiarte y ser una herramienta útil para tu dolor.

Unos de mis sitios favoritos fue Imissmydad.com. Me animó mucho encontrar un lugar donde la gente podía expresar su pena, sufrimiento y dolor, y compartirlo. No sólo pude leer las experiencias de otra gente, sino que pude dejar comentarios, ofrecer mis condolencias y compartir mis propias experiencias también.

Lo que encontré interesante e inspirador fue que la gente que escribía en estos sitios utilizaba la perspectiva personal de conversar directamente con sus padres. Inmediatamente, mandé un email al propietario del sitio y le dije que estaba escribiendo un libro, y él muy amablemente me permitió incluir algunos de los comentarios expresados en su web. Aquí te muestro algunas de las anotaciones que me permitió utilizar.

Dar esperanza y coraje

Querido padre, intenté darte esperanza y coraje durante tu sufrimiento. Creíste en mí y en mi fuerza y luchaste la peor batalla. Ni una vez derramé una lágrima enfrente de ti porque temía asustarte. Si sólo supieras cuántas veces quise pasar mis brazos alrededor tuya y tan sólo llorar. Mostrarte qué asustada estaba de perderte. No ha habido un sólo día durante el año pasado, desde que tú abandonaste esta tierra, que no haya derramado una lágrima por ti. ¡Papá, te echo mucho de menos! Desearía haber pasado más tiempo contigo cuando estabas bien. Sé que sabes que yo siempre estuve allí para ti hasta el final. Pero de alguna manera no fue suficiente para mí. Desearía haberte dicho cuánto lamento las excusas que te puse a todos aquellos días que quisiste pasar tiempo conmigo. Desearía que todos aquellos felices momentos que pasamos cuando era niña volvieran otra vez. Haría tantas cosas de forma diferente... Ayer cumplí 40 años y si alguien me hubiera dicho hace años que estaría celebrándolo sin ti, nunca lo hubiera creído. Tú me diste la vida y todo tu amor. Nunca podré agradecerte lo suficiente todo lo que hiciste por mí. Tan sólo desearía que estuvieses todavía aquí con todos nosotros. Con todo mi amor, tu hija Margaret.

No estaba preparada para que te fueras

Te quiero mucho papi. No estaba suficientemente preparada todavía para que te fueras. Sabía que tu hora estaba cerca por tu leucemia, pero no estaba preparada para que te fueras en sólo un par de meses, desde luego no cinco días antes de Navidad. Aprendí muchas cosas de ti durante el tiempo que pasamos juntos, mi favorita fue vivir cada día como si fuera Navidad, celebrar el nacimiento de Cristo y sus enseñanzas cada día. Estoy orgullosa de ti, papá, eras un buen hombre y siempre permaneciste fuerte, tú me enseñaste eso. Incluso ahora, cuando estoy profundamente dolida por dentro, seré fuerte, porque yo sé que tú estás ahora en un lugar mejor y que estarás allí cuando llegue mi hora para llevarme de la mano, para estar con Dios. No sé cómo pararé de sufrir, pero sé que debo seguir adelante, porque tú lo habrías querido así. Sé que estás viéndome ahora y sé que siempre estarás conmigo y eso me reconforta un poco. Te quiero papi y estoy agradecida por ser tu hija. Con amor siempre, tu hija, Michele

Soy un doctor, yo no lloro

Mi padre murió hace cuatro semanas. Yo no he llorado. No lo entiendo. Le quise mucho y teníamos una buena relación. Él era médico. Yo soy médico. Incluso cuando escribo esto, no siento nada, sin embargo hace diez años, una mascota querida murió y me dejó de rodillas. Mientras él estaba pasando su enfermedad, me preguntaba: "¿Qué tengo? Yo le decía: Una enfermedad renal terminal". Él entonces decía: "¿Sabes lo que significa?", yo le contestaba: "Papá, sé lo que significa, soy también médico". Él me preparó toda mi vida para su muerte. Preparó a todos los que estábamos a su alrededor, incluida a mi madre. En el funeral, se hizo esta observación: "Tus mujeres son realmente fuertes". Mi hermana, mi madre y yo no lloramos. Estamos hablando de un hombre que fue muy amado. El director del funeral dijo que ver a nuestra familia daba sentido al trabajo -que él podía decir que mi padre fue amado-. Yo incluso canté y toqué la guitarra junto a la tumba para celebrar su vida. Él amaba e interpretaba música. Pero tampoco lloré. Hay veces que me siento rota pero me sobrepongo. Sé que no es una forma normal de pena. Sé que no estoy rechazando esta muerte. Él quería a alguien que se asegurase de que estaba realmente muerto después de que se decretara su muerte. Yo comprobé sus pulsaciones una hora después de su fallecimiento, sólo porque él quería que lo hiciera. En mi mente no cabía la menor duda de que había fallecido.

Lo único que puedo pensar sobre mi incapacidad para llorar es que él me habló clínicamente desde el comienzo de su enfermedad. Él no tenía a nadie más en la familia a quien pudiera hablarle así, desde ese punto de vista clínico, sólo a mí. Estaba asustado y yo fui su confidente. Los clínicos no lloran, ellos manejan el cuidado de la salud. Aquellas conversaciones con mi padre junto con la frase que él me dijo tantas veces: "Los doctores no lloran", pudo ser la razón de que yo no lo hiciera. Papá, esta doctora necesita hacerlo.

Sentir el duelo en Facebook

Durante los últimos años, Facebook, la red social que se estableció en 2004, ha llegado a ser un enorme ejemplo de cómo las redes sociales han cambiado nuestras vidas. Con casi 750 millones (en este momento) de usuarios en todo el mundo, ha llegado a ser la forma más común de reportar noticias y estar en contacto con tus amigos y familia con un rápido post. Las redes sociales han cambiado la forma en que abordamos el luto y la pena. Facebook se ha convertido en una nueva realidad para aquellos de nosotros que sufrimos por la pérdida de un ser querido.

El día que supe que mi padre había muerto, posteé lo siguiente en Facebook:

Contrariamente a todo lo que he dicho antes, hoy es el peor día de mi vida. Mi querido padre Siggy murió ayer y no pude decirle adiós y no pienso que mi vida vuelva a ser la misma. RIP papá, te quiero y ¡siempre te echaré de menos!

Me respondieron treinta personas en 24 horas y fue importante para mí, no sólo expresar allí mi pena como una salida emocional, sino tener a otros que reconocieran mi pena. Incluso aunque no responda la gente que le gustaría reconocer tu sufrimiento, habrá allí otros que te apoyen. La palabra está mejor conectada hoy de lo que estuvo antes y las redes sociales, como Twitter y Facebook, pueden ser un enorme círculo de apoyo.

Cuando pasas por una pena tan intensa, puede resultar una dura experiencia volver a la sociedad después de concluir el funeral. Hay una soledad que la gente de tu alrededor no puede compartir. Es casi como un viaje a través de un oscuro y largo túnel que uno necesita atravesar, hasta llegar a la luz final que te permitirá llevar de nuevo una vida normal.

Algunas páginas de Facebook sobre la pena

Puedes encontrar muchos más ejemplos de páginas en memoria de alguien o sobre el dolor tan sólo pulsando la palabra "pena" o "duelo" en la barra de búsqueda. Cada página que muestro a continuación tiene un nombre diferente, incluso aunque parezcan similares. Te muestro alguna de mis favoritas:

- Encontrar esperanza en los momentos de dolor.

- El dolor por la pérdida & la recuperación.

- Escribir a través de tu pena.

- Hola, pena.

- EL duelo en el Proyecto de Comunidades Online.

- Tú puedes haber muerto, pero te quiero y te recuerdo - R.I.P.

- Te echo de menos, papá.

- Echo de menos a mi padre :(

- ¡TE ECHO MUCHO DE MENOS PAPÁ!!

- Te echo de menos y te quiero, papá.

- **Te echo de menos papa.com.**

Te muestro ahora un extracto de la página de Facebook "Echo de menos a mi padre":

No pasa ni un minuto sin que piense en ti

Papá, han transcurrido 13 semanas desde el accidente y no ha pasado un minuto sin que pensara en ti. En el periódico de anoche salieron fotos de las personas que fueron a la 50 reunión de tu instituto. ¡Tú estabas tan emocionado de acudir este año...! Cuando te nombraron, uno de tus compañeros me dijo que, contigo, eran ya 81 personas las que habían fallecido de tu clase. ¡Qué triste! Mi corazón está roto, papá... Estoy desesperada por tu regreso, quiero ser tu pequeña otra vez. Hay tantas cosas que no hicimos juntos, tantas conversaciones que nunca tuvimos... Te quiero, papá.

Y otro... con sus correspondientes comentarios

PJ: Hoy hace 5 meses de la muerte de mi padre. Tengo tanto dolor por su pérdida... parece que es más duro para mí... Me uní a un grupo de duelo y espero que me ayude un poco. ¡RIP mi encantador papá!

CA: Durante un tiempo, haces todo por seguir adelante. Yo tomé antidepresivos 4 meses después de perder a mi padre (le perdí 40 días después de la muerte de mi madre) y ahora, después de un año y ocho meses, estoy intentando ver si puedo hacerlo sin medicinas. Siento que estoy al borde de mis lágrimas mucho más que antes. Buena suerte con el grupo de duelo, sé que uno se siente mejor. Está contigo todo el tiempo y, después de un rato, llega a ser parte de ti y no sientes el cuchillo en tu corazón que tienes ahora. Te lo prometo.

PJ: CA muchas gracias por tus pensamientos reconfortantes, dijiste bien cuando comentabas: "Está contigo todo el tiempo pero después de un rato llega a ser parte de ti, no el cuchillo en tu corazón...", ¡es tan cierto! Yo perdí a mi madre cuando tenía dieciséis años, por eso sé que ese sentimiento de tener un cuchillo en tu corazón se va haciendo más fácil... gracias otra vez :)... siento la pérdida de tus padres.

CA: ... a los 16, lo siento mucho, las madres es duro, pero los padres y las hijas... oh Dios mío, espero que mis palabras te ayuden. Este grupo me ayudó mucho cuando me uní a ellos la primera vez, ahora visito este sitio durante los días más difíciles, en vez de diariamente. Imagino que estamos todos en ello, ¿verdad?

PJ: ¡Desde luego, amigo mío! :)

CH: Yo perdí a mi padre hace dos años y sé cómo te sientes porque nunca es fácil... los días parecen pesados cuando todo lo que quiero es hablarle... sólo asegúrate de que te das a ti mismo la oportunidad de pasar el luto... eso es bueno.

Como puedes comprobar por la conversación, los sentimientos y las emociones del escritor se ven validadas por el resto. *Incluso aunque esta confirmación venga de gente que el escritor no conoce, alguien que ha experimentado el mismo tipo devastador de pérdida, expresa un sentimiento de empatía. Es una herramienta que puede ayudarte a superar tu pena.*

Otros sitios de interés en la web

Te muestro algunos de las webs más interesantes que podrías considerar:

- livinginspirit.wordpress.com/
- www.ilasting.com/
- www.griefshare.org/
- www.griefnet.org/
- www.ards.org/links/griefhealing/
- www.journeyofhearts.org/
- www.hospicefoundation.org
- www.aarp.org/relationships/grief-loss/
- www.webhealing.com/
- www.bereavement-poems-articles.com/

Una web como forevermissed.com te permitirá construir una página en memoria de tu ser querido (con una tarifa, por supuesto), pero sitios como Facebook y Twitter, son gratis.

Si perteneces a una generación anterior que no se ha expuesto en estos sitios, comienza entonces mirando aquellos que te acabo de mostrar. Hay mucha gente que no es tan hábil como otros con la tecnología y se beneficiarían utilizando estos recursos online.

Así que aventúrate en el mundo digital y utiliza las redes sociales y estos sitios online sobre el dolor. No sólo te ayudarán a estar más conectado con el mundo y menos solo con tu pena, sino que tus opiniones sobre el luto pueden ayudar a otras personas a tener esperanza, gente que está pasando por la misma experiencia que tú. Encontrarás muchos recursos que te ayudarán a superar el proceso de duelo. Yo sólo he mencionado unos cuantos, pero hay muchos.

8 ¡QUÉ HOMBRE TAN SUMAMENTE BUENO!

"Me gustaría agradecerte desde lo más profundo de mi corazón, y desde el corazón de mi esposa también...".

~ Siggy Michelson
(parte de cualquier discurso en cualquier ocasión especial).

Este es el capítulo donde rindo un homenaje a mi padre, alguien que fue tan importante en mi vida. Espero que él sepa lo mucho que le amé y qué especial fue para tanta gente. La frase que he mencionado arriba era la frase con la que él comenzaba sus discursos durante las fiestas que mis padres celebraban.

El Tributo Final

"Algunos días son diamantes, otros son piedras", de John Denver, era una de las canciones favoritas de mi padre. Representa bastante bien cómo él llevó su vida, aceptando lo bueno y lo malo de igual forma. En homenaje a su trayectoria vital, muestro algunas retazos de su vida, desde el comienzo de su viaje hasta el final.

Mi padre nació el 2 de marzo de 1927 y creció durante la Gran Depresión. Amaba a sus padres, especialmente a su padre. Mi padre creció creyendo *"honra a tus padres"*, como dicen los Diez Mandamientos del Antiguo Testamento.

Mi abuelo murió bastante tiempo antes de que yo naciera y mi padre le quería y admiraba mucho. Mi padre cogió su mano cuando mi abuelo dio su último aliento. Él no quería que su padre muriera, igual que yo tampoco quise que él lo hiciera. ¡Cómo desearía poder haber tomado la mano de mi padre al final de su vida! Nada cambia en la experiencia humana, excepto el tiempo. Mi padre era un crío que adoraba a su padre, justo como tú o yo nos sentíamos a su edad.

Mi padre fue un niño muy consciente y extremadamente cuidadoso con sus cosas. Cuando había poco dinero, durante el período de la Gran Depresión, él ahorraba laboriosamente cada céntimo que podía. Fue un hábito que continuó durante toda su vida. Como sus padres tenían diferentes creencias, su abuelo por parte de padre desheredó a su hijo. Cuando mi padre tenía unos tres años, sus padres le enviaron a llamar a la puerta del anciano, mientras ellos se ocultaban detrás de los arbustos. Cuando se abrió la puerta, este pequeño de tres años dijo: "¡Hola abuelito, soy tu nieto!". Aparentemente, esto derritió el corazón del anciano y se reconcilió con su hijo, mi abuelo.

Mi padre era el hermano mediano de una familia en la que había un hermano mayor y una hermana más joven. Me pregunto qué hubiera pensado si hubiera sabido que, al crecer, se casaría y tendría cinco hijos y una fantástica y larga vida. (Probablemente habría llorado por eso de los cinco hijos). Esto debió haber sido sobre 1930. Es difícil identificarse con nuestros padres siendo niños pero, una vez que lo hacemos, nos damos cuenta de que es parte del proceso vital de todo el mundo, sin exclusión. Él tenía toda su vida por delante. ¿Pudo haber sabido qué rápido iban a pasar estos 84 años? Cada ser humano tiene un viaje y un camino que recorrer, y lo hará por sí mismo. Todos nosotros formamos parte de ese juego, en el drama llamado vida. Ya seamos jóvenes o viejos, cada persona es especial y tiene un propósito en su existencia.

Con cinco años, mi padre vendía periódicos y ganó su primer sueldo en 1932. A los trece años, fue boy scout y aprendió cómo ser alguien de fiar y una persona honesta. Fue un ávido jugador de rugby y un nadador excelente. Hizo muchos amigos en el instituto, que conservó durante el resto de su vida.

Él nació justo antes de la Gran Depresión y, siendo adolescente, vivió tiempos duros. Ellos eran pobres y su madre (mi abuela) era muy cuidadosa y consciente sobre cómo educar a sus hijos. A mi abuelo le encantaba el juego, especialmente las carreras de caballos; como resultado, hubo muchas veces que escaseaba el dinero. Mi padre sólo recuerda desayunar un huevo y, debido a eso, mi madre siempre tenía que ponerle dos o más. (No es extraño que nosotros tomemos la vida como un regalo, porque regresando a los tiempos duros como la Gran Depresión, un huevo extra podía considerarse un lujo y marcar una gran diferencia en la vida de uno). Mi padre participó con gran entusiasmo en todo en la vida. Pasó la guerra durante 1943 y en este tiempo terminó el instituto y se preparó para alistarse al ejército. Fue en el instituto donde aprendió a tocar la corneta, instrumento por el cual se sentía particularmente interesado. Pasados los años, en las fiestas, se sentía feliz tocando la corneta a gran volumen, mucho más por el divertimento de cada uno y a pesar de la consternación de los vecinos.

Cuando mi padre se graduó en el instituto, hizo la preparación militar y se unió a la lucha en el Norte de África. Felizmente para todos nosotros, la guerra terminó justo antes de que él embarcara. Él se ganó verdaderamente la estima y el respeto de la gente con la que trató en su vida.

Mis padres se conocieron en la fiesta del 21 cumpleaños de mi madre. Parece que él cruzó la habitación y le dijo a su amigo que iba a casarse con ella. Su amigo le dijo: "No seas tonto, Silly, y tómate otra copa". Mi padre estuvo de acuerdo y, después de la copa, confirmó a su amigo que se casaría con ella. Tuvieron 3 citas, se comprometieron y se casaron seis semanas más tarde... entonces se pasaron un año discutiendo. Hablaron sus diferencias durante aquel año y permanecieron casados para el resto de sus vidas, 59 años. Cuando pienso en mi padre, mi cabeza le imagina cuando tenía 25 años, no la edad que tenía cuando murió. Es como él quisiera que le recordara, como un hombre joven con sueños y ambiciones y, de esta forma, ser joven otra vez.

Mis padres se casaron muy jóvenes, él tenía 25 y ella 21. Celebraron una espléndida ceremonia en un lugar precioso en el campo. Me han dicho que fue una evento muy glamuroso. Ellos sentían amor, admiración y respeto el uno por el otro y este amor se mantuvo durante todo su matrimonio.

Fue un hombre muy conocido y respetado. Tenía muchos amigos y gente que cuidaba de él. Si eras el centro de atención, él te hacía sentir muy especial. Me asombraba, incluso en la última década de su vida, cómo tanta gente se pasaba diariamente por la casa de mis padres para saludar y charlar.

Él murió antes de su 60 aniversario de boda y de su 85 cumpleaños. Era muy meticuloso sobre el hecho de estar presentable cada día. Muy educado y caballeroso, en función de la edad de la persona con la que hablaba.

¡Lo único que puedo decir con certeza sobre mi padre es que él vivió! Disfrutaba de la vida, estando con buenos amigos, bebiendo un buen vino (caro o barato), tocando su enorme corneta a gran volumen a medianoche, entreteniendo a los demás con su gran experiencia vital, contando bromas, siendo caritativo, siendo amable, determinado, ambicioso y, sobre todo, viviendo su vida con honor, integridad y elegancia. ¡Él ciertamente vivió!

Así que, en conclusión, esta fue la vida de un hombre que fue esposo, padre, hermano, vecino y un gran amigo, alguien que podía marcar la diferencia. Todos aquellos que le conocieron se duelen por su pérdida y le recuerdan.

¡Adiós papá! Cuando la luz se extinga y la música de tu corneta se apague, honraremos tu vida, tu existencia y tu presencia en el mundo y te desearemos lo mejor en tu viaje, en el más allá, donde nos encontraremos algún día.

9 ~ EL PADRE O LA MADRE QUE QUEDA

"Queda sólo una página por escribir. La rellenaré con sólo cuatro palabras: Amo. He amado. Amaré".

~ Audrey Niffenegger, *Más Allá del tiempo*

La reacción de mi madre al shock de perder a mi padre fue mantenerse muy ocupada con la televisión, la lectura, cocinando y estando en familia. Desafortunadamente, demoró enfrentarse a las emociones reales que surgen después del shock y la sorprendieron más tarde, como me pasó a mí.

Y allí estaba yo, tumbada sobre la cama de mi madre, con un brazo a su alrededor, incapaz de proporcionarle ningún otro consuelo, salvo estar allí. Cuando ella dijo: "No tengo nada por lo que vivir", le respondí que tenía hijos por los que vivir. Ella contestó: "Vosotros tenéis vuestras propias vidas", para lo cual yo ya no tenía respuesta. Yo no podía concebir su vida sin mi padre.

Después de 59 años de matrimonio, nunca había vivido por sí misma, mi madre debía enfrentarse ahora con la monumental tarea de encontrar una razón para continuar su existencia. Yo no sabía cómo reconfortarla. Puse mis brazos alrededor de ella y la dejé llorar hasta que remitieron sus lágrimas.

Siento que es muy importante para mí estar ahí para ella. Es todo lo que tengo de mis padres y temo por su muerte también. Mi madre me dijo que, en el momento de la muerte de mi padre, se sintió completamente desconcertada. Yo no sabía cómo proteger a mi madre del dolor. Todo lo que yo quería hacer era detener su pena de alguna forma, pero era su camino, por el que debía caminar sola. Yo puedo tomar su mano, pero no hacer ese camino por ella.

Aquí en EEUU, hay cientos de miles de viudas cada año y suelen haber más viudas que viudos en torno a los 60 o 70 años de edad. Las estadísticas muestran que casi la mitad de las mujeres en torno a los 65, están viudas. Tu madre necesita entender que no está sola en su pena. La pérdida de un padre tiene un profundo efecto en todos los miembros de la familia. La atención normalmente recae en la viuda doliente, se hacen muchos esfuerzos por reconfortarla y asegurarse de que no siente dolor. Esto finalmente sólo prolonga lo inevitable, porque ella tendrá que enfrentarse a la pena y a la pérdida antes o después.

Los hijos de una familia vigilan constantemente que el padre o la madre superviviente, si existe, se encuentre en perfecto estado y observan cada uno de sus movimientos para estar seguros de que están canalizando la pérdida. La esposa sobreviviente tiene que llevar la muerte estoicamente enfrente de la familia y los amigos y puede estar preocupada por venirse abajo y llorar incontrolablemente enfrente de extraños. En mi caso, mi madre no quiso ir al funeral, y se sentó con dos viejas amigas durante el evento, en la casa de mi hermana. Más tarde, en un lugar mucho más íntimo, ella se enfrentó valientemente a cada uno que llegaba y decía: "*Lo siento por tu pérdida*". Este sentimiento se comunicó también al resto de los miembros de la familia que permanecíamos en fila. Mientras que se presta mucha atención a la esposa que sobrevive, no ocurre lo mismo con los otros miembros, especialmente en una familia numerosa como la mía, como ya comenté en capítulos anteriores.

El renacer de una viuda

La esposa que queda viuda se enfrenta a una ardua batalla durante el primer año tras la muerte del esposo. Las viudas tienen que aprender formas para sobrellevarlo, hacerse cargo de muchas responsabilidades y, sobre todo, enfrentarse con la intensa soledad. Aquel espacio vacío en la cama es lo primero con que se enfrenta la viuda, y lo último por la noche.

Como un niño, quieres asegurar la felicidad del padre o la madre que queda y es realmente difícil sentarte y sentirte inútil sobre cómo hacerles sentir mejor. No existe un camino fácil para superar la pena. Sólo un metódico y lento movimiento hacia adelante la atraviesa.

Sentada en una banqueta de un café en Antibes, al sur de Francia, durante unas vacaciones, observé a una mujer sentada con su anciana madre. Durante la hora que estuve allí, la mujer estuvo colgada del teléfono ignorando a la anciana. Yo sabía que un día ella se enfadaría consigo misma por no haber hecho lo mejor de cada minuto que pasó con su madre. Pasa tiempo con el padre o la madre que queda. Llegará un día en que desees haber valorado más su presencia en tu vida. No te lamentes acerca de lo que pudiste haber hecho con tu padre o madre. Guarda los recuerdos ahora.

Hazle las cosas fáciles

Es de vital importancia no tomar decisiones sin haberlas pensado bien. Deja que los días pasen siendo para ella lo menos estresantes posible. Asegúrate de que está cómoda, alimentada y rodeada por su familia. Después, una vez que los asuntos triviales del funeral se terminen, tendrá mucho tiempo para estar sola. No la dejes que realice actividades estresantes, como planificar la comida. El impacto por la pérdida tendrá lugar cuando el ruido del funeral se desvanezca.

Un par de cosas que se deben hacer

- Deja tiempo para que el viudo o la viuda procese su pena.

- Desaparecerá la incredulidad y el desconcierto de la pérdida junto con el aturdimiento que los acompaña, y entonces experimentará el shock del dolor y el luto.

- Evítale todo el estrés que puedas, dándole tiempo para pasar su pena. Ten paciencia y comprende su proceso. Es una enorme pérdida para el cónyuge que se queda.

- Entiende que experimentará muchas emociones distintas: la edad no disminuye las emociones. Sólo porque tenga ochenta años, no significa que sea más fácil. De hecho, en muchos casos, puede ser más duro debido a muchos factores, como el tiempo que pasaron juntos, la intensidad de la dependencia entre ellos de cuidado, consuelo y amor.

- Reconoce su pena escuchando sin juzgar lo que dice. No pierdas el contacto con el padre o la madre doliente. Haz una llamada diaria, aunque sea sólo por unos minutos. Significa mucho para el que permanece que se preocupen por él.

- Sé amable y cariñoso con el padre o la madre que sobrevive. Ellos te cuidaron cuando tú eras incapaz de hacerlo por ti mismo, así que devuelve el favor.

- Fomenta el duelo. Existe un importante paso para curarse a través de la pena. Muchos de nuestros padres no crecieron con el mantra del pensamiento positivo de la "new age" ni con los libros de autoayuda. Nuestros padres crecieron educados para no mostrar sus emociones a flor de piel y poner buena cara a los demás.

- Compra un par de libros que le instruyan sobre cómo soportar la pérdida de la pareja y algunas historias inspiradoras. Es buena idea adquirir también DVDs sobre el tema. La pareja sobreviviente puede que no quiera leerlo por ser demasiado doloroso.

- Anima a tu padre o madre a pedir apoyo espiritual y emocional fuera de la familia. Si hay algún sitio donde pueda retirarse, sería de gran ayuda. Esto por supuesto dependerá de la edad y la agilidad del superviviente. Muchas veces, habrá rechazo para hacer cualquier cosa. Ellos pueden decirte que lo superarán por sí mismos.

Un par de cosas que no deben hacerse

- No animes al viudo o viuda a gastar mucho dinero en cosas como la compra de coches u objetos similares para aliviar temporalmente la pena.

- No pongas la casa en venta. *La muerte y los traslados son de las cosas más estresantes y traumáticas de la vida.* ¿Por qué combinarla para producir un serio contratiempo a una persona que está dolida por la pérdida de su pareja?

- No le animes a tomar riesgos financieros de ningún tipo, sin haber hecho investigaciones.

- No tires precipitadamente las pertenencias de la persona fallecida (ropa, zapatos, calcetines, fotos y otros objetos personales). Podría haber lamentaciones más tarde y se suele hacer al calor de las emociones familiares. Hay objetos que podrían ser descartados a toda prisa y que le gustaría conservar a otro familiar.

- Que no se traslade inmediatamente. El nuevo ambiente puede que no sea tan cómodo como los familiares. La excepción a esto sería que el padre o la madre que queda no fuera capaz de cuidarse por sí mismo. Si tu padre o madre está seguro en algún lugar, donde los vecinos puedan echarle un ojo de vez en cuando, no los traslades porque puedes crearles más estrés. Deja que se alivie la pena hasta que se puedan tomar decisiones después de pensarlas con tiempo y planificar el futuro.

- No establezcas un límite de tiempo para que el viudo o viuda siga con su vida. Así como tú has experimentado la pérdida de un padre, imagina qué difícil es para ellos enfrentarse a la pérdida cada vez que miran su cama, cuando despiertan por la mañana o cuando se van a dormir.

- No seas impaciente con el olvido, la falta de interés o la motivación. Esto es normal y parte del proceso de luto. Entiende, aunque sea duro, que el padre que queda puede no querer seguir viviendo sin su compañera. Puede ser una emoción pasajera si dicen que no tienen por lo que vivir o puede ser que no lo sea tanto.

Cosas que a las viudas no les gusta escuchar

- *"¿Cómo te encuentras?"* Está todo en el énfasis de la pregunta. Quieres decir: *¿Cómo llevas tu sufrimiento?* Lo que a una viuda le gustaría realmente decirte es lo mal que ella se está sintiendo, todo lo opuesto a lo esperado. *"Estoy mejor, gracias"*. Seguramente, no te gustaría escuchar cómo se siente en realidad.

- *"Dime si necesitas algo"*. Esto es particularmente irritante cuando se escucha de gente bien intencionada que no intentan realmente estar hasta el final. Después de todo, ¿cómo se sentiría esa persona si la viuda le llamara a última hora de la noche durante una crisis emocional de dolor?

- *"Él está en un sitio mejor"*. Mientras que esto puede ser cierto, no es completamente reconfortante tener emociones sobre la pérdida. Esto socava la pérdida devastadora del que queda.

- *"Puedes descansar de esto y cenar con nosotros cuando quieras"*. Más bien pensando en una llamada a una hora específica, mientras pretende ser espontáneo. La oferta se puede declinar inicialmente, pero cuando el tiempo pase, estará encantada por la invitación.

- *"Oh, sí, él tuvo una vida larga"*. Una vez más, esto no reconoce la dolorosa pérdida del que se queda. Lo que realmente estás diciendo es: *"Él tuvo una vida larga buena, debes estar contenta por ello y seguir adelante"*.

- *"Sé cómo te sientes"*. A menos que alguien haya experimentado esto personalmente, ellos no lo saben.

Aunque es bien intencionado, es mejor no decir algo trivial.

Palabras de aliento a la viuda

Se han removido los cimientos de tu vida. Nunca imaginaste funcionar por tu cuenta. Tu pareja formaba una parte tan importante de tu vida y ahora tienes que aprender a crear una nueva vida por ti misma. Es algo para lo que nunca te prepararon. Tienes que enfrentarte ahora a la tarea de tener tu propia identidad, cuando otros siempre te vieron como la mitad de un todo. En realidad, siempre fuiste un todo, compartiendo tu vida con otra persona. Ahora tú eres un todo con tu propia vida delante de ti. La pérdida era algo que ocurría a los demás y no a ti. Espera cambios de humor e intensos períodos de pena. Es muy normal experimentar también enfado hacia la pareja que te ha dejado para enfrentarte sola al mundo cruel. Ten en cuenta que hay muchas personas mayores pasando exactamente por lo mismo que tú. No estás sola en esto. Intenta encontrar a otros que hayan experimentado el mismo tipo de pérdida. Ellos te entenderán y te recibirán. Date tiempo para pasar el dolor y el luto. Necesitas esto para despedirte de tu amado por tu cuenta. Espera una pena crónica, que te disturbe el sueño y suceda en episodios inesperados. Imagina que el dolor es como subir una colina escarpada. Al final, llegarás a la cima donde serás capaz de mirar abajo con orgullo para ver lo lejos que has llegado. Entiende que habrá siempre contratiempos y recuerdos. Siempre tendrás los recuerdos de quien has amado, que podrás contemplar cuando estés sola. Cuando pases a través del proceso, no te sientas culpable de disfrutar de la vida o reír. No significa que hayas olvidado tu pérdida. Significa sólo que estás disfrutando de estar viva.

Está bien hablar sobre tu amado y disfrutar de los recuerdos divertidos con risas. Es bueno tener conversaciones con esa persona (preferiblemente cuando estés sola). No hay nada equivocado ni cierto porque es un paso en el proceso para que abordes tu dolor. No te presiones para hacer nada o ir a algún sitio si no estás preparada. Tómate todo el tiempo que necesites.

¿Cuándo podré sentirme normal?

Sería maravilloso tener una respuesta concreta a esto (como 6 meses, un año, dos años, etc.), pero desafortunadamente, varía. La gente suele cambiar felizmente hacia vidas más productivas. Algunos se casan de nuevo, otros encuentran grandes amigos e intereses. Tú estás en un club en el que nadie quiere estar, pero se encuentran allí igualmente. Puedes sentirte como la piel que se ha desgarrado de tu cuerpo, por la pérdida de tu pareja. El objetivo es que crezca una nueva piel, una que te proteja contra la crudeza de tu pérdida y te ayude a seguir adelante con tu vida de nuevo. No hay un camino fácil para pasar la pena. Repito aquí mi frase favorita de mi padre: *"Pulgada a pulgada es pan comido. Yarda a yarda es duro"*. Da pequeños pasos y se convertirán en yardas.

Ten en cuenta que, cuando alguien muere, normalmente deja muchos dolientes detrás. Consuela y discute tus sentimientos con aquellos miembros de la familia que estén experimentando la pérdida. Habla con alguien que entienda lo que sientes. Hay muchas sociedades de acogida maravillosas que tienen grupos especiales para "La pérdida de un esposo". En cuanto llegues, te sentirás identificada inmediatamente con cada uno de ellos. Querrás hablar con todos, ¡porque todo el mundo allí lo entiende!

Pide que te abracen. Necesitas ese contacto. Nadie sobrevive solo. Así no es como la raza humana ha sobrevivido. Si estás cansada, duerme. Si quieres llorar, hazlo. Come comidas nutritivas e intenta estar sana. El dolor carga un inmenso estrés en tu cuerpo, así que intenta estar preparada para estas arremetidas. Cuídate. Intenta hacer ejercicio o salir de casa cada día. Establece un programa con el que puedas comprometerte. Levántate, date un baño y vístete, incluso aunque no esperes visitas. Disfruta de comedias y películas divertidas para tener buen humor. Sé amable contigo misma. Intenta meditar y rezar. Si eres religiosa, reconoce que Dios tiene una empatía especial por los dolientes. En Mateos 5:4 de la Nueva Versión Internacional, dice: *"**Benditos sean aquellos que sufren, porque ellos serán reconfortados**"*.

Se trata de empezar de nuevo tu vida después de la pérdida. Algunos días serán mejores que otros. Reúnete con otra gente mayor e intenta formar parte de la comunidad. Si puedes, mantente ocupada con alguna actividad. El aislamiento no es divertido, así que queda con otras personas. Planifica cosas divertidas con miembros de la familia. Morir es parte de la vida y nos va a ocurrir a todos sin excepción, así que intenta disfrutar del tiempo que te queda, porque pasa rápido.

10 ~ MENSAJES DESDE EL OTRO LADO

"Llegará un día en que creas que todo ha terminado. Aquello será el comienzo".

Louis L' Amour

Somos todos espirituales antes que físicos

Desde el principio de los tiempos, nos sorprendemos de dónde venimos y por qué estamos aquí. Vemos el milagro de la vida, comenzando desde la fusión de las células al nacimiento final de un humano que tiene un alma, una mente y una comprensión. Miramos al cuerpo humano crecer, madurar y morir, y muchos de nosotros reflexionamos sobre lo que ocurre a continuación. Todos hemos seguido el concepto de que nuestra creación comienza con el nacimiento. ¿Qué ocurre si aquél no es el comienzo de nuestra creación y hubiésemos existido antes de que naciéramos? Si ese es el caso, entonces parece lógico que seamos espirituales antes que humanos o físicos.

Emerger de lo espiritual a lo físico

Como raza, somos completamente reacios a creer que fuimos una vez seres no físicos, parte de nuestro creador, y que hayamos llegado separados y físicos durante el proceso del nacimiento. Nos encarnamos en una forma física y este proceso se repite una y otra vez hasta que finalmente nos reunimos con la fuerza de vida universal que nos crea. La razón para esto es que debemos avanzar a través de muchos niveles espirituales hasta alcanzar el más alto para reunirnos con Dios.

¿Qué pasaría si conociéramos previamente las respuestas a todas las preguntas que tenemos? ¿Qué ocurriría si naciéramos con ese conocimiento pero no lo supiéramos? Si conociéramos esas cosas con seguridad, estaríamos tranquilos y escucharíamos a la profunda voz que hay dentro de nosotros, que aprovecha el conocimiento del universo, el conocimiento que siempre hemos tenido.

Sabemos por muchos escritos, datados de hace miles de años, que la gente es consciente de esa espiritualidad previa a la esencia física. Antes de encarnarnos en un cuerpo físico (lo cual es nuestra elección antes de nacer), decidimos sobre los eventos de nuestra vida. No todo lo que nos ocurre es fortuito, o es buena o mala suerte. No todos los eventos están planificados, pero hay muchos que sí lo están. Nosotros decidimos las lecciones que queremos aprender o encarnar en esta vida física. Decidimos quiénes son nuestros padres y hermanos y quiénes estarán en nuestra vida para enseñarnos determinadas lecciones. Las relaciones más cercanas están ahí por razones muy concretas y, cuando no nos llevamos bien con esa gente, necesitamos intentar y descubrir qué lecciones de la vida nos muestra cada relación turbulenta concreta. Esta es una razón por la que tenemos nuestras parejas, incluso aunque no nos llevemos bien con ellas y nos preguntemos por qué nos hemos casado y por qué tenemos que soportar tal miseria en el matrimonio. Una vez más, es una lección de vida. De cada experiencia vital, hay una lección que aprender. Hay una razón para lo bueno y para lo malo, para los acontecimientos felices y tristes de nuestras vidas.

Cuando se nos arrebata a alguien a temprana edad, la lección es para aquellas personas cercanas que quedan. ¿Cómo se enfrentan a ese acontecimiento y en qué tipo de personas se convertirán tras la experiencia? Yo conozco a alguien que murió cuando tenía veintitantos años en un accidente de coche, apenas un año después de que muriera su padre. Él era un gran chico y el ojo derecho de sus padres. Era muy bueno en todo lo que hacía, de buen aspecto, atlético y muy popular. Su hermano más joven perdía con la comparación. Después de que muriera mi amigo, su joven hermano llegó a ser el hombre de la familia. Creció, fue al instituto, consiguió un buen trabajo, se casó y tuvo hijos. Él llegó a ser el cabeza de familia, asumiendo todas las responsabilidades económicas y de protección familiar. La lección que se desprende de esta historia en particular fue que esto debía pasar, quizás para enseñar la lección de responsabilidad al hermano superviviente. Él a regañadientes se vio obligado por las circunstancias a ocupar el lugar del cabeza de familia y lo hizo bien, convirtiéndose en un maravilloso hombre familiar. Tuve el placer de reunirme con él hace unos años y me sentí impresionada del tipo de persona en el que se había convertido.

Todo lo que ocurre en la vida, es por alguna razón. No hay accidentes ni coincidencias. Lo que tenemos es libertad para tomar decisiones. No confundas las oportunidades que tenemos con el libre albedrío, con los grandes eventos que pueden cambiar la vida y que fueron planeados antes de nuestra existencia. Por ejemplo, tú puedes preguntar, bien, ¿y qué hubiera ocurrido de haber hecho una elección distinta y no haber estado en el coche del accidente? La respuesta es que habría muerto de otra forma.

Cuando alguien que amamos deja de existir, una parte de nosotros muere con ellos. Es muy reconfortante y curativo ser capaces de comunicarnos con nuestros seres queridos después de muertos y puede ser productivo para ayudarnos a superar la pena.

¿Qué hace la gente que se pasa al otro lado?

Este es un concepto al que todo el mundo se enfrenta. ¿Qué nos ocurre después de morir? ¿Qué les pasa a nuestros cuerpos? ¿Podemos respirar o comer?

Por los escritos de clarividentes y filósofos, parece que una vez que mudamos nuestros cuerpos de nuestra actual encarnación y tiene lugar el trance, todo es muy agitado al otro lado. Se revisa la vida del fallecido, se repasan los errores y se analizan todas nuestras relaciones y, o bien el espíritu permanece con su grupo de almas espirituales durante un tiempo, o se prepara para la siguiente vida. Discutiremos la reencarnación en el próximo capítulo.

¿Por qué es importante tener una conexión espiritual?

El entendimiento y la comprensión de una vida después de la muerte facilita nuestro proceso de luto y nos ayuda a enfrentarnos con la pena. Saber que todavía existen nuestros seres queridos, aunque sólo de una forma diferente, nos da esperanza y paz para el resto de nuestra existencia. También saber que ese ser no ha desaparecido y se puede acceder a él, cambia todo el proceso de asimilar la pérdida y nos ayuda a curar más rápido. Es extremadamente importante y reconfortante para pasar el período doliente comprender que nuestros seres queridos están todavía con nosotros . Las personas que tienen un sentido más fuerte de la espiritualidad se adaptan mucho más fácilmente a estas creencias y están más abiertas a escuchar mensajes desde el otro lado. El intenso luto y el dolor bloquean los mensajes hasta cierto punto y, cuanto más se acepta y más en paz se está, más fácil resulta comunicarse con nuestros seres queridos.

¿Qué ocurre en el momento de la muerte?

En el momento de la muerte (de acuerdo con muchos escritos de clarividentes y gente que ha pasado por experiencias próximas a la muerte), el alma abandona el cuerpo por la coronilla de la cabeza. El cordón de la vida se desintegra lentamente durante un período de 3 años. Los miembros de la familia reciben el alma y comienza un viaje por el más allá. Muchos clarividentes de todos los lugares del mundo, que se han comunicado con aquellos que murieron, así lo han señalado.

La física cuántica explica la realidad física

La física cuántica ha demostrado que existen dimensiones donde no se pueden ver las partículas y que vivimos en un cosmos multidimensional. La mecánica cuántica intenta comprender la naturaleza de nuestra realidad física. Si entendiéramos nuestra conciencia y realidad física y aceptáramos que todo consiste de materia -la cual se convierte en energía-, seríamos capaces de comprender la posibilidad de nuestra realidad no física.

Con la teoría cuántica, ya no podemos mirar el mundo pensando que vemos todo lo que se debe ver. Si aquello fuese cierto, la realidad de un mundo espiritual en una dimensión diferente no sería exagerado, ¿verdad? Nosotros pensamos nuestro mundo material como real, cuando en realidad la energía y la materia es la misma cosa, así que todo es energía, incluso nosotros.

Tipos de comunicación desde el otro lado

Tenemos una habilidad para comunicarnos con otros a nivel espiritual. Lo que se necesita es un ajuste de precisión, como una estación de radio, para escuchar a quienes han fallecido. Hay diferentes métodos para comunicarnos con aquellos que se encuentran más allá del mundo físico:

1. *Clarividencia auditiva:* Se refiere a poder escuchar a un espíritu comunicarse en tu cabeza. Como si estuvieses en una habitación grande y te hablara alguien sentado al otro lado de la habitación. Es donde un vidente puede escuchar voces o sonidos. Puedes realmente escuchar pensamientos como si ellos hablasen en voz alta. Yo tengo esa habilidad aunque el número de mensajes que he recibido en mi vida podría contarlos con mis dos manos. Esto puede ocurrir también con alguien con quien sintonizaras a un nivel psíquico cuando aún vivía. (En mi caso, cuando mi padre estaba vivo, en una ocasión, escuché sus pensamientos como si él hubiese hablado en voz alta. En otras ocasiones, capté sus sentimientos, como enfado, temor, etc.). La clarividencia es una forma de recibir los pensamientos comunicados desde otro ámbito espiritual.

2. *Clarividencia visual:* En francés significa tener "visión clara" y es la habilidad de ver cosas que están en un ámbito diferente, o verlas remotamente. Es la capacidad para ver más allá del rango normal de percepción. Muchos psíquicos famosos tuvieron esa facultad, como Edgar Cayce (que vivió desde 1877 hasta 1945), que hizo miles de lecturas psíquicas en donde fue capaz de comunicarse con seres del otro lado.

3. Psicometría: Es la habilidad para escuchar vibraciones de los otros a un nivel empático. Esto puede incluir captar las sensaciones de otros a un nivel físico o emocional.

¿Qué signos muestran aquellos con quienes nos comunicamos?

Durante el proceso de luto, es realmente difícil reconocer que nuestro padre ha muerto. Mientras experimentamos tal tristeza, es extremadamente complicado imaginar un mundo sin nuestro padre querido y ser capaces de ver más allá de esa realidad. Sin embargo, una vez que el shock, la pena y la incredulidad se mitigan, es cuando el tema se vuelve interesante. Es cuando uno comienza a contemplar la existencia de la vida después de la muerte, incluyendo los conceptos de inmortalidad y eternidad puesto que podemos comprenderlo. Mientras comenzamos a contemplar estas cuestiones, es buena idea reunirnos con quienes puedan identificarse con nuestras experiencias.

Lo que yo descubrí cuando tuve las agallas de comenzar a mencionar cosas de una naturaleza espiritual existencial, fue que los otros tenían experiencias interesantes similares recibiendo mensajes y signos del más allá. Esta es la cuestión, que una vez que has debido pasar todo el proceso de pena para estar abierto a estos mensajes, empiezan a ocurrir estos acontecimientos aparentemente extraños de forma simultánea. Habrá eventos, signos y casos de comunicaciones que no podrás explicar. Una vez que esto ocurre y puedes hablarlo con otros, ellos comenzarán a abrirse sobre los extraños acontecimientos que les ocurren también. Nosotros podemos ser contactados de diferentes formas y esta comunicación puede llegar en forma de música (canciones simultáneas con significado especial que escuchas en la radio), cambios de temperatura, sensación de que te han tocado, incluyendo una sensación de calidez, cosquilleo, olores y muchas otras señales). Cuando estos ocurren, es importante poner atención al significado y no descartarlos como si fueran coincidencias. Debido a que nunca vi el cuerpo de mi padre, tuve que cambiar mi creencia de que él no se había marchado y ya no estaba a mi alrededor. Después de todo, yo no había tenido una prueba real de que hubiese muerto. Cuanto más empecé a depender de los signos espirituales, más paré de creer que su existencia terminó en aquel confín. Para aquellos de vosotros que dudéis de la parte espiritual de la vida, quizás es el momento de sentaros de nuevo tranquilamente con vosotros mismos y ver qué ocurre a continuación, ya que esperáis expectantes por una señal desde el otro lado. Si estáis expectante sobre eso, ese signo llegará. Es sólo cuestión de tiempo.

Canciones en tu cabeza

Una de las muchas formas de comunicarse con nosotros puede ser a través de pensamientos que aparecen de repente en nuestras cabezas desde ningún sitio. Aquí te muestro algunos de los signos que yo tuve.

Tres meses después de la muerte de mi padre, estaba arreglándome para ir al trabajo y maquillándome en el baño cuando escuché muy claramente la voz de mi padre: *"¿Qué hay de nuevo, gatita?"*. Sí, me sentí tan avergonzada por admitir que era así como mi padre me llamaba cuando era muy joven (basado en la canción de los años 60 de Tom Jones), como extremadamente feliz por recibir su mensaje. Yo no había vuelto a pensar en aquella canción ni en aquel apodo durante décadas. No escuché la canción en la radio y era la voz de mi padre claramente. No tenía forma de poner en duda el mensaje, porque era su voz, una voz mucho más joven que sonaba alegre y optimista. Otra vez ocurrió a mitad de la noche, con una representación a gran volumen de

"Tengo un mensaje para ti" de Los Bee Gees. Esta fue otra forma de creer que mi padre estaba intentando ponerse en contacto.

Encontrar objetos casuales con un importante significado

Un mes después, una vez que me sentí preparada de nuevo para ir al trabajo, ocurrió otro signo definitivo de comunicación. Mi marido había decidido pasear a nuestros perros y, en el paseo, algo llamó la atención de los animales. Él se paró y miró lo que ellos estaban olisqueando y había un collar de perro con una etiqueta que, obviamente, se le habría caído a algún perro del vecindario. Él me dio la etiqueta diciendo: *"Pienso que querrías llamar a este número"*. El nombre de la etiqueta era Digby, precisamente el último perro que tuvieron mis padres. Ellos le habían llamado Digby, que es como un nombre inusual en Sudáfrica, e incluso más en EEUU. De hecho, mi marido nunca había escuchado este nombre antes y pertenecía a un perro del vecindario. Pudo haber sido cualquier nombre de perro, como Fido, Marley, Jake, Rocky, y la lista continuaría. ¿Qué probabilidades hay de que tal inusual nombre de perro, que había tenido tanta importancia para mí, cayera ahora en mis manos? Muy pocas. Otro mensaje directo de mi padre. ¡No hay coincidencias! Yo terminé hablando con un clarividente que me dijo que mi padre me guiaría mostrándome una moneda de diez centavos. No peniques, sino monedas de diez centavos. Aquella noche, paseando a lo largo de una calle obscura, miré hacia abajo y vi algo brillando en el suelo. Lo has adivinado, ¡una moneda de diez centavos! Desde aquel momento, he perdido la cuenta de cuántas monedas de diez centavos se me han aparecido en lugares completamente inusuales. Recé pidiendo escuchar a mi padre y, en 60 segundos, encontré una moneda de diez centavos enfrente mía. Bajando en un ascensor de un centro comercial, sintiéndome especialmente triste aquel día, escuché algo caer, miré hacia abajo y había una moneda de diez centavos. Mi mente no tiene ninguna duda de que nuestros seres queridos se comunican constantemente con nosotros y nos guían desde el otro lado. Incluso mi marido, el escéptico, encontró monedas de diez centavos cayendo de la puerta de su coche cuando entró en él.

Comunicación con las mascotas

Aquí te indico un incidente bastante raro que mencionó una amiga. A su padre le encantaba jugar con su perrito. Él tenía un juguete específico que él cogía, lo tiraba y el perrín lo cogía y lo devolvía soltándolo frente a él. Después de que su padre muriera, el perro recogió el juguete, lo soltó en la base de la silla favorita de su padre y permaneció expectante en la silla como si su padre estuviese sentado allí esperando que él recogiera el juguete y se lo lanzara. El perro estaba viendo algo que nadie más podía ver. Ella observó algunos otros acontecimientos en su casa y todo indicaba que la presencia de su padre estaba todavía allí.

Comunicación por el olor

Muchas veces, el contacto con el otro lado puede llegar a través del olor. Por ejemplo, el olor a cierta comida que un miembro querido solía hacer o el olor de algo que bruscamente trae los recuerdos del pasado. En mi caso, yo solía oler la cocina de mi abuela de vez en cuando, e inmediatamente sabía que ella me había hecho una visita. Estos olores pueden aparecer de repente y parecer completamente fuera de lugar de lo que es el inmediato ambiente de uno. Si no existen más contactos y los años pasan, puede ser probable que el espíritu del ser querido se haya reencarnado otra vez.

Cuando existe un lazo muy fuerte de amor, si tú lo abres, verás signos de comunicación de tu ser querido, especialmente un padre o una madre con los que te sentías cercano. ¡Imagina el caos si la muerte permitiera comunicarse con todo el mundo! Así que sólo unos pocos especiales tienen el regalo de ser un mediador. El resto de nosotros, estamos probablemente mejor sin ello. Mira cuidadosamente las señales. Sé observador y consciente y no pasará mucho tiempo antes de comenzar a notar cosas raras a tu alrededor.

Todas estas ocurrencias suceden con bastante más frecuentemente de lo que la gente finalmente dice. El tema de comunicarse con los fallecidos es un tabú, aunque hoy se haya convertido en un lugar común con el fácil acceso a la información compartida por todos. Muchos que han perdido a un padre han tenido extrañas experiencias que no pueden explicarse. Estas señales del más allá pueden traer una sensación de alivio en el sentido de que este padre se haya marchado a algún lugar tangible, sea feliz y se encuentre bien.

En conclusión, hay muchas señales que los seres queridos fallecidos nos envían constantemente. Aunque la cortina entre la vida y la muerte permanece cerrada, los mensajes y señales pueden llegarnos. Estas señales nos traen confort y consuelo, deben ser bienvenidas y no temer de ellas. Si buscas señales, las encontrarás.

11 ~ EL LADO ESPIRITUAL OCULTO

*"Tú no eres un ser humano en un viaje espiritual;
eres un espíritu en un viaje humano...".*

~ Anónimo

*Hace diez años, cuando fui a un vidente para una lectura,
conseguí más de lo que nunca negocié. Cuando salí de allí, el
cielo tenía un color diferente, el mundo era un lugar
diferente y mi vida había cambiado para siempre.*

Este incidente me ocurrió hace diez años, cuando fui a visitar
a un vidente en Los Ángeles. Gary Spivey (prometí
mencionarlo, así que promesa cumplida) era un vidente
famoso que vivía en Los Ángeles en aquellos tiempos y la
experiencia fue distinta a lo que nunca hubiese imaginado.
Hasta aquel día, nunca supe sobre el concepto de cualquier
existencia después de la muerte. Le pregunté sobre un amigo
mío que había muerto y él me dijo un par de cosas
completamente correctas, como la razón de su muerte, de qué
murió. Fue sólo entonces cuando la vida y las creencias
cambiaron. Sentí una ráfaga de aire a través de mí, sólo que
no era aire. Sentí como si fuera un tamiz humano y algo se
colara a través de mi cuerpo. Fue casi como entrar en un
viento en el que no hacía frío. Me senté allí en shock y, en
aquel momento, Gary de forma indiferente me dijo (él estaba
sentado al otro lado de una habitación bastante grande, a unos
15 metros de distancia): *"Oh, ¿sentiste eso?"*. Yo respondí en
shock: *"Sí, ¿qué fue eso???!!!"*. Él dijo: *"Aquél fue sólo tu
amigo saludándote"*. El resto de la conversación está borrosa
para mí. Terminamos la sesión, salí fuera y miré al cielo. En

ese momento, fue como si la cortina del otro lado se hubiera abierto y pudiese ver en su interior. Estuve en shock algunos días después, entonces me recuperé y llegó a ser un recuerdo. Mi percepción de la vida cambió porque yo no había considerado el mundo como lo que yo vi enfrente mía. Ahora tenía que contemplar y asumir el hecho de que hay un mundo entero allí que no podía ver, pero que verdaderamente existía.

Experiencias cercanas a la muerte (NDE)

Muchas experiencias cercanas a la muerte que se han recogido tienen características muy similares. La gente tiene algún tipo de accidente o está enferma y muere de acuerdo con la definición médica de muerte. Se para su corazón y están clínicamente muertos. Ellos dicen que se sienten flotar sobre sus cuerpos, miran abajo y ven al personal médico intentando revivirles y pueden recordar con precisión conversaciones que tuvieron lugar durante los intentos caóticos por revivirles. Hay un sentimiento de ser empujados hacia un túnel donde los seres queridos esperan por ellos. Una vez que los seres celestes les dicen que no es su momento, vuelven a sus cuerpos y despiertan ante la sorpresa de quienes les rodean.

Muchos no quieren hablar sobre estas experiencias, por temor a ser ridiculizados y ser objeto de mofa. Hay diferentes y maravillosas descripciones del cielo e historias de mansiones que hay allí dentro. Se describe como una increíble y preciosa experiencia que deja a uno con esperanza y consuelo sobre la expectativa de la muerte. Desde estas experiencias, la gente informa a su vuelta que regresa con habilidades físicas y visiones de futuro. Gracias a las facultades tecnológicas médicas actuales para revivir a la gente, hay cada vez más y más casos de experiencias cercanas a la muerte.

La reencarnación como un proceso natural de la vida

Cuando somos muy jóvenes, queda todavía un sentido de espiritualidad en nosotros de las muchas vidas previas que hemos vivido. Hay miles de informes documentados de niños recordando sus vidas pasadas, así como también de momentos entre las vidas.

Hace cincuenta años era completamente un tabú discutir el tópico de la reencarnación o incluso escribir sobre ello. Hoy, estos tópicos han llegado a ser normales, aunque la gente aún se muestra turbada cuando lo menciona en público por primera vez. Supuestamente, se consideraba herético creer en la reencarnación incluso aunque millones de personas en las culturas orientales siempre han creído en poseer vidas pasadas. El Dalai Lama mantiene en el Libro Tibetano de la Vida y la Muerte, que la muerte es un proceso normal que ocurrirá mientras seas un ser humano y que no tiene sentido estar preocupado sobre ello porque es inevitable. La reencarnación es como cambiarte de ropa al final del día o pasar de una película a otra, con tu vida representada en la pantalla.

Todos tememos lo que nos ocurrirá cuando muramos y este temor nos mantendrá alejados de la verdadera vida. Si nosotros entendiéramos el significado de la reencarnación en nuestras vidas, comprenderíamos que continuamos existiendo después de muertos. No se termina cuando morimos. Hay una parte de nosotros que no muere con el cuerpo, incluso aunque sintamos eso mientras estamos todavía vivos. El traje del cuerpo físico que nosotros vivimos comienza a descomponerse desde el momento en que nacemos. Es básicamente un cascarón, en el cual nuestra alma puede asomarse a través de nuestros ojos al mundo físico. Cuando nacemos, la mayoría de nosotros tenemos ojos bondadosos y caras sonrientes dándonos la bienvenida. Cuando morimos, tenemos ojos bondadosos y caras sonrientes dándonos la bienvenida de vuelta al otro lado. Nunca estamos solos.

El Dr. Brian Weiss, autor de *Muchas Vidas, Muchos Maestros*, descubrió las vidas pasadas en sus pacientes haciéndoles regresar a través de la hipnosis. Él se sorprendió cuando vio que la gente, al atravesar sus experiencias de vidas anteriores, no sentían tanto dolor.

Ramificaciones de la reencarnación

Cuando nos vamos haciendo mayores y nos acercamos a la muerte y a lo desconocido, sabemos que nos enfrentaremos con un fallecimiento inevitable. Tememos el momento final y el último aliento que demos como seres humanos. Sinceramente creo que una vez que entendemos las ramificaciones de la reencarnación, hay un sentimiento de entusiasmo sobre cuál podría ser nuestra próxima vida. Hay también un sentimiento de querer realmente vivir bien esta vida, así las lecciones del karma podrán completarse. Todos nosotros tenemos un plan de vida cuando llegamos, sólo tenemos que descubrir cuál es y hacer nuestras elecciones de acuerdo con ello.

El concepto de nuestras existencias sobre las vidas es aprender las lecciones necesarias y madurar a través de rangos espirituales hasta que una vez más nos reunimos con nuestro creador. La única forma de pasar por estos rangos es tener un amor incondicional y perdonar a los demás. Aprendemos estas emociones por medio de las relaciones que tenemos. No es fácil perdonar a alguien que te ha herido pero, si no puede hacerse, uno no puede progresar nunca al siguiente nivel espiritual. Cuando la vida reparte adversidades, aprendemos de ellas. Una puerta cerrada abre otra a una nueva oportunidad que finalmente nos conducirá por una nueva dirección. La muerte de un ser querido debe inspirarnos para movernos en la dirección de la misión que tenemos en la vida. No estamos aquí para sufrir y ser desgraciados solamente, sino también para experimentar el amor y la alegría.

Nuestros cuerpos son simples cascarones en los que existimos para experimentar el amor. Nosotros no somos nuestros cuerpos, sino seres espirituales encerrados en una presencia física durante un tiempo. Hay un principio de este proceso y un final. Si dedicas tiempo a estar allí y observar el mundo a tu alrededor a través de los ojos de tu cuerpo, realmente entenderás la transitoriedad de tu existencia física y la permanencia de la que no es meramente física.

Las pérdidas son lecciones

Muchas veces, nos preguntamos por qué tenemos que experimentar la pena, la tristeza y las pérdidas. La respuesta es que éstas son lecciones para los que quedamos. Nos preguntamos por qué alguien muere joven y otros mueren violentamente. ¿Para quiénes son estas lecciones? La respuesta es que son para quienes se quedan. Estas lecciones de vida nos enseñan cómo experimentar ciertas situaciones que pueden no haberse vivido en diferentes vidas. Cuando un buen amigo nuestro muere joven, podría ser una lección para nosotros abordar el trauma de esa pérdida. Algo similar podría aplicarse a un padre o madre que pierde a un bebé con tan sólo pocos meses de vida o a un niño que muere de una muerte violenta. Hay siempre una lección en cada experiencia.

La Ley del Karma

En mis años de crecimiento, mis padres me enseñaron la Ley del Karma. Su interpretación del karma era que si alguien te trataba mal, tú sólo tenías que sentarte y esperar hasta que el karma les llegara. Muchas veces, le ocurre algo malo a un individuo y dices ¿ves? ¡Eso es el karma!

Como sociedad, utilizamos la palabra karma que nosotros percibimos como una retribución instantánea a algo equivocado. En el principio de reencarnación del karma, los eventos ocurren a través de las vidas. Tus pensamientos y acciones de previas vidas pueden muy bien determinar lo que te ocurrirá en la próxima.

Si entendiéramos realmente esto, ¿no trataríamos a otros con más tolerancia y comprensión? ¿No seríamos más amables con aquellos que apenas temen lo que puede ser de nosotros en la próxima vida? ¿No daríamos más a otros que lo necesitan, sabiendo que siempre volverá a nosotros? Cada acción que realicemos en nuestras vidas nos traerá una reacción semejante, ya sea buena o mala.

Como dice el verso bíblico: "*Lo que se siembra, se recoge*", la energía que ponemos tendrá una consecuencia directa en respuesta. De aquí procede la ley original que establece: "*Trata a otros como desearías que te tratasen*". La Ley del Karma es una de las leyes espirituales de la vida.

No puedes avanzar espiritualmente mientras estés enfadado con alguien. Fluye con la corriente. Cuando dejas de resistirte y fluyes con la corriente, todo en tu vida se pone en su lugar.

El plan maestro

Cuando nos encarnamos por primera vez como seres físicos, se hace de acuerdo con un plan maestro de nuestra vida. Nuestras vidas están diseñadas para ser parte de un plan maestro. Los acontecimientos más pequeños son de libre albedrío. Este plan maestro consiste en disposiciones que hemos hecho con otras almas gemelas antes de reencarnarnos en la próxima vida. Como expliqué antes, cuando nos ocurren cosas buenas tendemos a pensar de esos eventos como fortuitos o casuales. ¿Qué ocurre si pensamos en ellos como algún tipo de decreto divino, un evento planeado con mucho tiempo de antelación?

En la mitología griega, el Río del Olvido representa el lugar donde la gente bebe para olvidar su vida pasada con el fin de comenzar una nueva obviando sus muchas vidas pasadas y experimentadas. En el tiempo que transcurre desde que pasamos de lo físico a lo no físico, hay una gran planificación para las lecciones que no se han aprendido en las vidas pasadas. Estos planes que se han preparado con las almas gemelas significan que se reencarnarán juntas en la próxima vida.

Especificaciones del Plan Maestro

El Plan Maestro consiste en una línea temporal de los eventos más importantes que van a ocurrir en la próxima vida. Pueden haber pérdidas, alegrías, amores, penas, decisiones difíciles de tomar y retos fortalecedores con los que enfrentarse. Los eventos más importantes de la vida son experiencias de aprendizaje, que son importantes para moverse a lo largo del viaje planificado previamente. Las acciones que se destacan entre los eventos más importantes de tu vida, incluyendo tus relaciones con otra gente, cómo te comportas, qué dices y cómo tratas a los otros, dependen de ti. Debe existir libre albedrío para que aprendas de los errores o los aciertos. Cada vida es un proceso de aprendizaje y es necesario para avanzar espiritualmente.

Las personas de nuestro círculo vital que nos exasperan particularmente, como un jefe, un compañero del trabajo, nuestros padres, familia y amigos son cuidadosamente elegidos por nosotros. Planeamos con cuidado cómo ocurren los eventos importantes y cómo un alma gemela llega a nuestra vida. Puede ocurrirnos pronto, dentro de nuestras familias o más tarde cuando, "por casualidad", encontramos a alguien que va a tener un gran impacto en nuestra vida.

Podemos preguntarnos por qué nos ocurrirá un evento particularmente doloroso, supuestamente inesperado. Por ejemplo, perdemos a un bebé o a un hermano o un padre joven. Todos esos eventos ocurren por una razón muy específica y uno tiene que mirar lo que puede aprender (o lo que se pudo aprender). Quizás alguien nació con una discapacidad o quedó mutilado por un accidente. Este podría ser el resultado de ser intolerante con la gente con discapacidades en una vida pasada o podría servir para enseñar a otros sobre la tolerancia. En estos casos, uno puede discutir que el accidente ocurrió como resultado del libre albedrío. El Plan Maestro consiste en los eventos más importantes que nos ocurren, que parecen estar fuera de control. Los eventos menores, como la forma de reaccionar en nuestras vidas diarias, dependen del libre albedrío.

Los fenómenos espirituales siempre han existido

Hablar sobre espíritus y cosas espirituales no es nada nuevo. Desde el principio de los tiempos, el hombre ha reflexionado en gran medida sobre el mundo oculto. Los siguientes fragmentos fueron escritos por un hombre llamado Léon-Dénizarth-Hippolyte, cuyo pseudónimo era Allan Kardec. Él vivió en Lyon desde 1804 a 1869. Un amigo suyo tenía dos hijas que llegaron a ser clarividentes y le transmitieron información específica. Redactó una serie de cuestiones para preguntar a estos espíritus y a continuación muestro algunas de su libro: *"El libro de los clarividentes"*, en las mismas secuencias numéricas de los escritos actuales:

Es un error suponer que un hombre debe ser un clarividente para atraer hacia sí a los seres del mundo invisible. El espacio está poblado de espíritus; ellos están siempre a nuestro alrededor, siempre a nuestro lado; ellos nos ven y nos miran; se mezclan en nuestras reuniones y nos siguen o nos evitan, dependiendo de si les atraemos o les repelemos.

1 ¿Pueden evocar los espíritus aquellos que no son clarividentes?

"Todo el mundo puede evocar espíritus; y si los que llamas no se pueden manifestar físicamente por ellos mismos, ellos están cerca de ti y escuchan tu llamada.

15. ¿Pueden los espíritus hablarnos de nuestras existencias pasadas?

"Algunas veces Dios, por un objeto especial, permite mostrarse a aquellas existencias". Siempre que cada conocimiento conduzca a tu instrucción y edificación, se permitirá la revelación; pero, en tales casos, siempre se te presentarán espontáneamente y de alguna forma invisible. Nunca se permitirá para satisfacer la mera curiosidad".

En un libro llamado *"El libro de los espíritus"*, escribió una serie de cuestiones similares para preguntar a estos espíritus conectados.

2. ¿Qué se entiende por eternidad?

"Aquello que no tiene principio ni final; lo desconocido: todo lo que se desconoce, es infinito".

18. ¿Alguna vez el hombre será capaz de penetrar en el misterio de las cosas que ahora permanecen ocultas para él?

"El velo se apartará en proporción a la forma en que consiga su purificación; pero, para entender ciertas cosas, necesitará facultades que no tiene todavía".

78. ¿Los espíritus han tenido un comienzo o han existido, como Dios, desde toda la eternidad?

"Si los espíritus no hubiesen tenido un comienzo, serían iguales que Dios; mientras que ellos son Su creación y están sujetos a Su voluntad. Que Dios ha existido desde toda la eternidad, es incuestionable; pero no sabemos nada acerca de cuándo y cómo nos creó. Tú puedes decir que no hemos tenido un comienzo en este sentido; que Dios, siendo eterno, debe haberlos creado incesantemente. Pero con respecto a cuándo y cómo hemos sido creados cada uno de nosotros, repito, no se sabe. Es el gran misterio".

80. ¿La creación de espíritus es siempre constante o sólo tuvo lugar al comienzo de los tiempos?

"Es siempre constante, por lo que se dice, Dios nunca ha parado de crear".

87. ¿Los espíritus ocupan una región determinada y circunscrita al espacio?

"Los espíritus están en todos sitios; la eternidad del espacio está poblada de un número infinito de ellos. Tú no puedes

percibirlos, ellos están incesantemente a tu lado, observando y actuando sobre ti; los espíritus son uno de los poderes de la naturaleza y son instrumentos empleados por Dios para el cumplimiento de Sus diseños providenciales.

Lo que encuentro fascinante sobre estos escritos es que fueron realizados hace 150 años. Puedes leer los libros completos de Allan Kardec en http://www.spiritwritings.com/kardec.html.

En todo el tiempo registrado, este fenómeno realmente no ha cambiado mucho, excepto su nombre, que se categoriza popularmente como "Metafísica". Al principio del 2000, "*La Ley de la Atracción*" llegó a ser tendencia (aunque siempre ha existido) -los opuestos se atraen-, y el pensamiento se manifiesta a través de objetos y eventos de la realidad basados en el foco de nuestros pensamientos. Las categorías metafísicas de los libros se rellenan ahora con escritos interminables de meditaciones sobre lo que ocurre después de la muerte, los espíritus, clarividentes, la ley de la atracción y la física cuántica. Hay libros escritos sobre las vidas pasadas, vidas futuras, vidas entre reencarnaciones, experiencias cercanas a la muerte y muchos otros tópicos místicos.

Nada ha cambiado realmente en todos estos siglos, excepto la evolución de nuestra conciencia y cada vez más gente sintoniza con la posibilidad de saber cosas cuya contemplación e incluso mención fueron prohibidas al principio de los tiempos. Los escritos metafísicos de tiempos pasados se consideraron heréticos por la iglesia incluso aunque tales cosas se mencionaban en el Nuevo Testamento. Se quemó a mucha gente considerada "bruja" por considerar tales cuestiones.

De acuerdo con las encuestas, un 80% de los americanos cree en la vida después de la muerte, y aproximadamente un 25%, cree en la reencarnación. Yo creo que mucho de esto se debe a un nuevo conocimiento que nos ha conectado a través de internet y a una información a la que todos podemos acceder fácilmente.

Encontrar nuestro camino espiritual

Hasta muy recientemente en el mundo occidental, encontrar el camino espiritual de uno estaba reservado a aquellos que se sentían perdidos. Hoy, ha llegado a ser algo que está de moda y es tendencia. Los famosos se pasean con brazaletes de la Cábala, mientras que libros como "*El Secreto*", sobre la ley de la atracción, se han convertido en éxito de ventas. Si buscas en Amazon bajo la categoría "New Age", encontrarás sobre 56.000 libros. Bajo la categoría de "Espiritualidad", aparecen listados unos 140.000. No es difícil o imposible encontrar tópicos que habrían sido prohibidos y considerados un tabú hace tan sólo cientos de años.

Nosotros, como seres humanos, estamos intentando alcanzar el nivel más alto de conciencia ahora más que nunca. Trabajamos para dar sentido al caos y a la confusión de la destrucción del mundo a nuestro alrededor y sobre la razón de nuestra propia existencia. Quizás un día, el sentido más alto de conciencia servirá para reunir a la humanidad y concienciarnos del concepto más importante, que lo que hacemos para herir a uno, nos hiere a todos. Sólo podemos esperar eso. Tenemos suficientes recursos para alimentar al mundo y todavía los guardamos creyendo que no tenemos suficiente para nosotros mismos. Luchamos y matamos a nuestros hermanos para conseguir sus países y establecer el dominio sobre ellos. ¡Qué diferente sería el mundo si nos diésemos cuenta de que, cuando matamos a otros, estamos matando parte de nosotros mismos, porque todos nuestros espíritus proceden de la misma fuente. Todos somos parte de la misma creación, pero debido a que somos diferentes físicamente los unos de los otros, nos condenamos. La próxima vez que mires a alguien, realmente mírale. Mira en sus esperanzas, alegrías, temores, anhelos, felicidad y todas las otras emociones que rezuman de aquella persona y te darás cuenta de cómo, al final, todos queremos lo mismo, la felicidad y el amor. Si pudiéramos verdaderamente darnos cuenta de cómo estamos interconectados, no solamente cambiaríamos la forma en la que nos percibimos unos a otros, sino también a nosotros mismos.

El perdón es un Nirvana espiritual

En nuestras vidas adultas, construimos demasiados resentimientos hacia los otros. Llevamos ese enfado como una dura roca en nuestros corazones. Es importante desprendernos del enfado o la venganza e incluso obtener algo de aquellos que han podido hacernos daño. Aprender cómo perdonar es sin duda lo mejor que todos podemos hacer con nuestras vidas espirituales. Cuando perdonas a alguien, puedes continuar con tu propia vida sin mirar atrás. Has limpiado tu lado de la calle y ahora puedes centrarte en otros temas que existen entre tú y tu felicidad.

Algunas veces es muy duro reconocer que uno está equivocado o puede pasar también que uno está equivocado y sea duro reconocerlo. Cuando alguien nos hiere o nos lastima a un nivel profundo, cargamos con eso como una fuerte traición y sentimos una gran injusticia por la situación. Cualquiera que sea, piensa que la solución es siempre la misma. Puede ser difícil desprenderse de esos sentimientos enfermos hacia los otros. La falta de perdón puede destruir el bienestar, los lazos familiares, las amistades y tantas otras relaciones. Entiende que la respuesta es siempre el perdón. El perdón cambia nuestro ciclo kármico y nos ayuda a vivir nuestras vidas en paz. Nos devuelve la energía que desperdiciamos y gastamos previamente en un enfado inútil, en resentimientos albergados y pensamientos de venganza. Aprender a perdonar las infracciones hacia nosotros nos recuerda que no podemos cambiar el comportamiento de otros y que necesitamos aceptarlos como son.

El perdón también nos ayuda a olvidar los eventos dolorosos de nuestros pasados y allanan el camino hacia un futuro sano y feliz, lejos de la tristeza. Es tu decisión perdonar a otros pero, si lo haces, te transportarás cada vez más a una vida con un propósito, una vida de alegría y, lo más importante de todo, una vida con significado. Considera el perdón como un acto egoísta de placer espiritual, porque el único que verdaderamente saldrá beneficiado serás tú.

El perdón verdaderamente te acerca al Nirvana espiritual cuando continúas practicándolo cada día de tu vida.

"Cuando perdonas, no cambias el pasado de ninguna forma, pero puedes estar seguro de que cambias el futuro".

-Bernard Meltzer

12 ~ EL CASO PARA DIOS

"Dios, a pesar de su silencio casual, existe. No tengo ninguna duda sobre ello".

*~ **Don Williams, Jr.***

Un día -hace unos diez años-, acababa de llegar a casa y estaba sentada escuchando la radio en el coche. Sonaba una canción de Joan Osborne titulada "Qué pasaría si Dios fuera uno de nosotros". Mientras pensaba en la letra de la canción, sucedió una de las cosas más impresionantes de mi vida. De repente, me vi transportada a un lugar muy luminoso. Era como si se hubiese abierto la cortina del cielo y allí estaba yo, enfrente del Creador, con una enorme y majestuosa audiencia mirándome. Próximo al Creador (Dios), a mano derecha, había un ser que yo reconocí como Jesús. Me gustaría recalcar que, en el momento en que esto ocurría, yo no era creyente. Era sólo una historia que en mi juventud había leído en la Biblia, cuando fui a una escuela cristiana, aunque yo era judía.

Fui incapaz de ver el rostro de Dios, pero fui consciente de Él, de Jesús y de toda la audiencia majestuosa de millones de personas que estaban mirándome. En aquel momento, sentí una inmensa pena por la forma en la que había vivido mi vida hasta entonces. En mi conciencia, conocía perfectamente mi ansia por las cosas materiales capitalistas y la poca importancia que tenían estas necesidades en el gran esquema de las cosas. Los deseos de riqueza y posesiones no significan nada en este ámbito. Mientras bajé mi cabeza en un inmenso momento de pena sobrecogedor, mi vida fue pasando enfrente mía. Quería que me tragara la tierra y desaparecer. Me pareció que las miradas que pesaban sobre mí eran las de una familia que yo hubiera abandonado; parecía que estuviesen revisando lo que yo había estado haciendo en mi ausencia. Fue como si regresase a una gran familia celestial y que estuviesen disgustados conmigo, aunque no tanto como yo lo estaba conmigo misma. De repente, me encontré a mí misma sentada de nuevo en el coche escuchando la radio. Todo el acontecimiento, que me pareció durar un buen rato, apenas llevó unos cuantos segundos, pero me dio una visión sobre el más allá.

Fue casi como un aviso para que cambiara el foco hacia los asuntos importantes de la vida, porque un día yo sería juzgada. Esta es la experiencia más cercana a la muerte que he vivido. Sabía que mi vida necesitaba un cambio, un cambio que tuviese significado e importancia.

Cuando pensamos en Dios, pensamos en el infinito, en todo lo que allí estuvo, está y estará. Nos preguntamos de dónde vino Dios y qué hizo para crear la tierra o muchos otros planetas donde otros seres humanos existen. Nos preguntamos por qué Él parece estar tan lejos de nosotros y si realmente puede escuchar nuestras oraciones. Algunos de nosotros nos preguntamos si existe y creemos en la aleatoriedad del universo, como la Teoría del Big Bang y cómo nuestros cuerpos y almas fueron simplemente creados a partir de una célula. Otros creen que evolucionamos de los animales, siendo aquel hombre prehistórico el siguiente escalón evolutivo de un simio. Muchas de las respuestas a estas cuestiones las sabemos, pero no podemos reconocerlas o entenderlas. Estas respuestas están dentro de nosotros, aunque bastante enterradas en nuestras conciencias.

La destrucción de muchas biblias por Constantino

Constantino fue el primer emperador romano que se convirtió al cristianismo. Vivió desde el 272 al 337 e inició la religión del catolicismo y la cruzada para excluir cualquier libro de la Biblia que fuese inaceptable. Se estima que habían unos seiscientos libros, de los cuales y, salvo ochenta, fueron todos destruidos. La iglesia protestante destruyó más, dejando un número final de 66, en los cuales consiste la Biblia del Rey Jaime (King James Bible).

La Iglesia Católica etiquetó estos libros perdidos como heréticos y peligrosos. Así que toda la parte valiosa fue destruida y se conservó sólo aquella que la iglesia quiso enseñarnos. Este material está convenientemente organizado en un bonito y pequeño paquete que hoy tiene muchos agujeros. ¿Qué fue lo que la iglesia no quiso enseñarnos? Estoy bastante segura de que las filosofías que estamos descubriendo a través de las doctrinas de la nueva era hoy, ya se conocían hace siglos. ¿Quién era Constantino para decidir lo que el resto del mundo debía o no debía saber? Esa valiosa información perdida pudo marcar una enorme diferencia en la humanidad. En vez de las guerras de religión, podíamos haber encontrado la paz. En vez de odio por el color de la piel, pudimos haber aprendido a amar el ser interior de los otros. En vez de mirar simplemente las diferencias entre nosotros, pudimos haber celebrado las similitudes de nuestra existencia. La gente que ciegamente sigue la religión como un camino, debe cuestionarse que se le ha excluido de una información muy importante y significante que fue heredada. El mundo merece saber qué contenían aquellos libros de la Biblia y no sólo los que parecían más "apropiados".

¿Qué ocurrió durante los primeros años de la vida de Jesús?

En tiempos de Cristo, hay poca o casi ninguna referencia a su vida antes de su encuentro con San Juan Bautista. ¿Por qué este conocimiento tan importante fue confiscado y no documentado? La única razón pudo ser que contenía un conocimiento probablemente contradictorio a lo que la iglesia nos había hecho creer. Estas contradicciones bien podrían incluir que él trabajó, tuvo una familia y vivió como un ser humano normal. Hay demasiadas lagunas en la Biblia y analizar la ausencia de información puede darnos una buena idea de los conceptos e ideas que se esconden detrás de esos espacios, conceptos que tanto asustaron y aterrorizaron a la iglesia para ser mantenidos absolutamente en secreto y destruidos. Muchos consideran la Biblia como un trabajo absoluto e intentan hacer que todo encaje con sus creencias personales. Cuando fuimos desarrollándonos en un mundo más sofisticado y aparecieron diferentes ramas de la cristiandad, estas sectas comenzaron a luchar unas contra otras y se perdieron millones de vidas en el nombre de la religión.

La razón de nuestra creación

Escuché un fragmento en una emisora de radio cristiana en la que el presentador proclamó que todo el mundo nacía pecador y básicamente estaba condenado. Estos son la clase de discursos promulgados por la iglesia para crear temor y una absoluta obediencia, sin ningún tipo de cuestionamientos. Si nosotros naciéramos imperfectos, implicaría que Dios es imperfecto y que hace cosas imperfectas. Este caos y destrucción entre la raza humana no es lo que nuestro creador quiso. La guerra, la destrucción y la dominación global no fue la razón de nuestra existencia. Nosotros existimos porque queremos y elegimos tener una experiencia física. Elegimos abandonar nuestro muy feliz ambiente espiritual para experimentar una existencia física. Observa lo que nos hemos hecho los unos a los otros y los recursos de nuestro planeta. ¿Cuándo terminará la destrucción? Cuando implementemos el amor y el perdón los unos a los otros para ayudarnos a crecer a nivel espiritual. Fluye con la corriente. Cuando pares de resistirte y fluyas con la corriente, todo encajará en tu vida.

¿Qué enseña la Cábala?

Muchas enseñanzas, incluida la Cábala (misticismo judío), establecen que todos somos parte del creador (Dios) y, una vez que nos separamos de Dios, nuestro propósito de reencarnación es progresar a través de distintos niveles espirituales hasta que una vez más regresamos a ser uno con Dios. La Cábala (de acuerdo con Wilkipedia), consiste en un número de enseñanzas esotéricas elaboradas para explicar la relación entre un Creador eterno y misterioso y el universo mortal y finito que creó. Las enseñanzas de la Cábala promueven la reencarnación y la migración del alma hasta alcanzar el nivel espiritual más alto, que es aquél donde nos reunimos con nuestro creador.

La reencarnación en tiempos bíblicos

Muchas figuras bíblicas han reportado ser reencarnaciones de otros personajes de la Biblia. Por ejemplo, Esther fue la reencarnación de Eva, Juan el Bautista, de Elías. De hecho, en Mateo 11: 13-14, Jesús dice:

"Por todos los profetas y los que profetizaron la Ley hasta Juan. Y si vosotros estáis dispuestos a aceptarlo, él es el Elías que debía venir. Quien tenga oídos, que le escuche".

La Nueva Biblia Estándar Americana (NASB).

Sin embargo, cuando se le preguntaba directamente a Juan El Bautista si él era Elías, lo negaba. Así que aquí tienes dos contradicciones directas en la Biblia. No obstante, si la iglesia sigue todo lo que Jesús decía, entonces la referencia a la reencarnación es literal. La iglesia, que se desarrolla después de la muerte de Cristo, se adhirió sólo a una enseñanza. La gente hoy parece ignorar el hecho de que ciertas partes de la Biblia fueron extraídas para mantener las enseñanzas absolutamente literales y un control feroz de la fe de la gente instalando el temor de la condena y el infierno.

Efectivamente, Jesús enseñó la reencarnación, aunque muy levemente. Muchas cosas que dijo, a través de sus enseñanzas y parábolas, fueron tomadas muy literalmente y no figurativamente, como era su intención. Cuando Jesús dijo: *"Mi Padre y yo somos uno"*, Él estaba hablando de Dios (el espíritu sagrado) que existía dentro de él, como Él existe dentro de nosotros. El espíritu sagrado que vive en nosotros es nuestra fuente de energía original, siendo parte de Dios, donde nosotros tenemos nuestro origen.

Un Curso de Milagros, escrito por Helen Schucman, habla sobre Dios sin ser dualista. El concepto del perdón se relaciona con la forma de terminar el proceso de reencarnación continua y conseguir la unidad una vez más con Dios.

Este concepto de dualidad, el cual se refiere a los conceptos de los opuestos, es muy importante. Por ejemplo, si existe lo bueno, debe existir también lo malo. Si existe Dios, debe existir Satán. Si hay un cielo, debe haber un infierno, etc.

Ahora, en la Biblia, Dios quiere que tengamos una vidas buenas para que podamos reunirnos un día con Él. Si no llevamos nuestras vidas de acuerdo con lo establecido en la Biblia, Él se enfadará con nosotros y nos desterrará. Por lo tanto, se nos ha creado con imperfecciones y, sin embargo, Dios sólo crea cosas perfectas. Dios estableció en el Antiguo Testamento lo que no puedes comer pero Jesús también dijo en este libro que no tenía importancia. ¿Cómo Dios cambió de opinión?

Insinuar esto significaría decir que Dios no es perfecto y que cometió un error. Hay muchas lagunas en la religión y, al final, sólo podemos depender de nuestros verdaderos sentimientos internos y de la fe.

Reunir el alma con nuestro creador

En el libro de Jeffrey Furst *Historia de Edgar Cayce sobre Jesús*, se plantea vivir la Ley de la Gracia, amarnos los unos a los otros como Él nos ha amado, o permanecer bajo la Ley del Karma y reencarnarnos hasta alcanzar el nivel espiritual más alto para reunirnos con nuestro creador.

En el libro de Gary Renard *La Desaparición del Universo*, se debate el concepto del mundo que nos rodea creado por nuestro propio ego, así como nuestra separación del creador, donde la única forma de reunirnos es alcanzando el último nivel de amor y perdón completos. Si bien no estoy en alienación completa con la idea de que mi mundo esté completamente elaborado, siento que la alienación de nuestro mundo está manipulada por nuestra conciencia.

Hay veces que me siendo casi incorpórea y me doy cuenta de la temporalidad de nuestras vidas. Si puedes centrarte un momento en la reflexión y la meditación, casi podrá parecerte estar mirando el mundo exterior que te rodea a través de tus ojos, como si fueses un residente temporal dentro de tu cuerpo. Sería casi como convertirte en un visitante mirando fuera el mundo a través de los ojos de ese cascarón temporal que estás habitando, viajando a lo largo de tu vida temporalmente. Qué amable sería para los otros saber que nuestra esencia es parte de la misma entidad original y los cuerpos que asumimos son meramente trozos de tela temporales de las que nos desprendemos en cuestión de siete u ocho décadas. Si verdaderamente entendiéramos qué temporales son nuestras vidas, ¿nos molestaríamos en participar en guerras, resentimientos, ira y venganza contra nuestros hermanos? ¿Nos importaría el color de la piel, si somos ricos o pobres, famosos o desconocidos?

Dios no querría nada de esto para nosotros. Él quisiera que nos amásemos los unos a los otros y viviésemos en paz. Él no quisiera nada de lo que está ocurriendo hoy en el mundo.

¿Dónde está Dios hoy?

Dios está alrededor. Él no se ha marchado y todavía nos mira desde arriba. Así, mucha gente en la historia tiene interpretaciones duales de Dios, como ser un Dios enfadado, un Dios celoso, así como un Dios bueno. Un buen Dios no haría nada para dañarnos, como castigarnos o enviarnos al infierno. Un Dios bueno no permitiría nacer a los niños enviándoles al infierno porque no están bautizados o porque nunca han escuchado a Jesús. Un Dios bueno no querría que asesináramos a nuestros hermanos en su nombre. La muerte, la tristeza y la miseria no nos serían concedidas intencionadamente por Dios. Todas las cosas que experimentamos como seres humanos se deben a la manifestación de nuestros propios deseos. Nosotros quisimos abandonar el cielo y venir a la tierra, y así lo hicimos.

Manifestamos nuestra creación física en forma humana. Nuestro infierno está aquí en la tierra y encontramos nuestro cielo cuando dejamos el infierno (la tierra) y volvemos a nuestra familia celestial y a nuestro Creador. Todos recibimos pequeños rastros de cielo y de Dios en nuestra vida, quizás en la sonrisa de un bebé, un bonito amanecer, una cara amistosa entre un grupo de extraños. No hay respuestas reales al misterio de la vida salvo que estamos aquí durante un corto período de tiempo y después nos marchamos. Dios no sólo existe en el cielo, sino también dentro de cada uno de nosotros. Tenemos dentro el Espíritu Sagrado, porque somos parte de Dios. Fue nuestra elección dejar a Dios y Él espera que regresemos, independientemente del camino que elijamos.

¿Qué quiere Dios de nosotros?

En nuestra vida, muchas veces cuestionamos nuestra existencia. Nos preguntamos cuál es nuestro propósito vital y por qué fuimos creados. Si Dios está mirándonos, con todas las guerras, la ira y el odio ocurriendo en el planeta justamente ahora, ¿cómo podríamos estar haciendo algo agradable a sus ojos? Por eso, ¿qué quiere de nosotros salvo que volvamos a Él? Él quiere que obedezcamos sus mandamientos y vivamos en un espíritu de amor y perdón con los otros. El perdón es la emoción humana más importante que probablemente podamos experimentar. Con el perdón nos aproximamos a Dios. Constantemente necesitamos renovar nuestra fe en un creador todopoderoso. Cuando ocurren acontecimientos en nuestras vidas que simplemente no entendemos, se pone a prueba nuestra fe.

Estaremos en aquel lugar donde nos hayan llevado nuestros pensamientos y acciones. Si verdaderamente creemos en la majestad no física del cielo, ¿por qué no creer en la majestad física de la tierra? Claramente, Dios quiere que seamos felices y que disfrutemos de la vida que tenemos. El sufrimiento que experimentamos en nuestro Karma es producto de lo que hacemos, no de Dios. Algunas veces, cuando estamos realmente tranquilos, las respuestas a las preguntas de la vida se pueden escuchar por dentro porque todos nosotros cargamos con la historia del mundo, así como la presencia de Dios en nuestro interior. Nuestras decisiones y elecciones en la vida son nuestras y el libre albedrío determina nuestro camino entre los eventos más importantes de nuestra vida, como mencioné previamente en la sección "El Plan Maestro".

Perdonar como hemos sido perdonados

Perdonar a otros que nos han herido puede ser la lección más importante para aprender en la vida. Hasta que aprendemos a perdonar, nos encontramos atascados en un ciclo de ira y venganza por hechos pasados. El perdón verdadero de otros y hacia nosotros mismos es lo más cerca que uno puede estar de Dios. Dios quiere que seamos capaces de amarnos los unos a los otros porque sin amor la vida no tiene sentido.

Hemos apartado a Dios de todo. Nuestras escuelas son laicas y los niños están desprovistos de crecimiento espiritual y se han elevado los incidentes de crímenes violentos en el país. Hay disparos en las escuelas e institutos que no tienen justificación en absoluto. Parece que cuando se detiene el rezo, todo lleva a una espiral fuera de control. Si pudiésemos enseñar a la siguiente generación el valor de la introspección, quizás ellos podrían ser los únicos en cambiar el camino destructivo hacia el cual nuestro mundo se está precipitando. Quizás ha llegado el momento de reconsiderar incorporar la religión y los valores espirituales en las próximas generaciones.

13 ~ LA LISTA

"Deja marchar al pasado y dirígete el futuro. Confía en la dirección de tus sueños. Vive la vida que imaginaste".

~ Henry David Thoreau

Una de las mejores cosas que hice fue elaborar "La Lista", un resumen de todas las cosas que quiero hacer antes de que sea incapaz de llevarlas a cabo. Todo el mundo debe tener una lista, una razón para vivir, amar y ser partícipe en el increíble viaje de la vida.

Mucha gente siente la necesidad de establecer objetivos. Muchos negocios en el mundo han seguido este principio, así como aquellos que están orientados hacia conseguir logros. El establecimiento de objetivos puede enfocarse hacia el desarrollo personal, como una herramienta para ayudar a uno a conseguir sus sueños. Muchos gurús motivacionales, como Brian Tracy, sugieren escribir 125 objetivos en un papel doblado y mirarlos una vez al año para comprobar que se han alcanzado en ese tiempo. Se ha planteado si estas listas deben ser realistas o también algo fantásticas. Ambas opciones tienen ventajas y desventajas que se pueden considerar.

Pienso que es bueno establecer objetivos anuales así como mensuales, semanales y diarios, pero también creo que es positivo establecer objetivos en la vida. El establecimiento de objetivos es un sólido proceso para identificar tu futuro. Existen muchos artículos y libros sobre cómo llevar a cabo objetivos empresariales y personales para alcanzar el éxito. El propósito de establecer un objetivo es ayudarte para conseguir específicamente tus resultados deseados.

Sí, el establecimiento de objetivos puede procurarte un sentido del propósito y permitirte cultivar su significado, pero "La Lista" no consiste en esto. No es una "Lista en Balde", como la que escribieron Jack Nicholson y Morgan Freeman en aquella película. Ellos crearon una lista de cosas para llevar a cabo antes de que *"estiraran la pata"*. Aquí se trata de crear una lista de cosas para que tu vida sea completa y valiosa para recordar. No es algo que dejas hasta que tu vida casi ha terminado para que te lamentes sobre lo que no hiciste o conseguiste. "La Lista" es sobre lo que debes hacer para ponerla en práctica activamente la mayor parte de tu vida desde ahora mismo. Tú naciste por una razón. Te manifestaste en este cuerpo no sólo para ser un observador mirando al mundo, sino también para participar en él. El cascarón humano que vistes existe por una razón específica, para permitirte participar físicamente en las actividades del mundo. Hay una razón para que estés vivo. Si naciste sólo para existir, para sentarte enfrente de la televisión, comer, trabajar y dormir, ¿cuál sería el sentido de tu vida, tu existencia y tu ser? Una de las cosas positivas sobre experimentar la pérdida de un padre, es lo inspirador que puede ser para ayudar al cambio y definir el propósito de uno. Tener un propósito en la vida es lo que nos hace mirar hacia adelante en el futuro con entusiasmo y anticipación. La muerte de tus padres puede ser un catalizador para inspirar enormes cambios en tu vida, incluidos aquellos que temes, como cambiar de carrera o romper con relaciones insanas.

Yo pregunté a mi padre, tres meses antes de que muriera, qué haría si pudiese retroceder 30 años en su vida. Su rostro se iluminó con el pensamiento de tener 30 años menos para hacer lo que quisiera y me dio su respuesta.

No dejes que eso sea al final de tu vida, tan sólo responder sobre lo que pudo ser un sueño imposible. Hazlo realidad, algo que puede ocurrir ahora y en el futuro inmediato de tu vida.

¿Cómo elaborar la lista?

¿Cómo empezar? Es fácil, tu sueño de cada día. Piensa sobre todas las cosas que te gustaría hacer. Contempla lo que te entusiasma, lo que te hace querer inclinarte hacia adelante y unirte a una conversación. Piensa en los programas de televisión que te muestran los lugares que te gustan, películas sobre aventuras que desearías tener, libros sobre materias interesantes que te encantaría explorar. Muchas veces en tu vida, alguien habrá mencionado algo que haya conectado contigo. Toma ese pensamiento y descártalo en la sección de "no posible" de tu cerebro. Dirígete a la parte de tu cerebro donde se aloja lo "no posible" y retira todos los pensamientos que has tirado allí durante toda tu vida. Recupéralos y escríbelos. Tienes que hacerlo en forma de lista, situando al principio los que más desees.

Las especificaciones de la lista

No tienes por qué seguir un orden, puedes hacerlo a tu propio ritmo. "La Lista" se va a convertir en una parte importante de tu vida. No es algo que vas a abandonar en un cajón de cualquier sitio. Necesitas tener tu lista a la vista, donde puedas mirarla con frecuencia. La idea que subyace a esta lista es que te entusiasmes por la vida. Has pasado por el proceso de pena y el luto de cualquiera que ya no tiene la oportunidad de seguir soñando. Es tu momento para agarrarte a estos sueños, esperanzas y fantasías y hacerlos realidad, para que el día que mueras la gente te recuerde cuánto viviste.

No es necesario basar tu lista en los objetivos de alguien más. Esta lista es única para ti y lo que tú quieres, no para lo que alguien más desea. Pon atención a tus reacciones viscerales sobre gente, lugares y cosas y úsalas para ayudarte a crear la lista.

La lista va a desplazarte fuera de tu zona de confort y al excitante mundo de lo desconocido, tu zona desconocida. Si necesitas visualizar tu lista, hazlo con fotos, pizarras de objetivos y cualquier otra estrategia que estimule tu proceso creativo. No se trata de manifestaciones, aunque creo que funciona, se trata de ti decidiendo lo que quieres llevar a cabo y continuar desde ese punto. No es suficiente con esperar y desear que llegue desde tu sofá. La visión comienza en tu mente. Crea el pensamiento de estar escribiendo. Necesitas hacer la lista de esos pensamientos y estar constantemente motivado para ello. Te sorprenderás de lo que puedes alcanzar merecidamente decidiendo que quieres hacerlo. Tu lista necesita incluir tus pasiones en la vida. No todos los temas de tu lista tendrán que ver con tener dinero para hacer ciertas cosas. Algunos necesitarán tiempo, paciencia, motivación y entusiasmo, más que dinero.

Escribe la lista de la siguiente forma

Los temas de tu lista se deben escribir, no como deseos o querencias, sino como eventos, tales como los siguientes:

- Escribe los temas de la lista en tiempo presente, como si el objetivo estuviese ocurriendo en este momento.

- Sé tan detallado como quieras. Cuanta más energía y detalle pongas en cada uno de los temas, más seguro estarás de si es algo que realmente quieres alcanzar.

- Sé realista o un poco fantástico. Es tu lista. Es tu mente. Son tus ideas.

- Una vez que comiences a escribir, te vendrán a la mente otras ideas. Escríbelas también. Haz tu lista según tu orden de preferencia y prioridades.

Aquí está mi lista

Para darte un ejemplo de la lista, he escrito algo de la mía. Mi lista cambia frecuentemente. Puedo ver algo en una película o en una revista y digo "¡Vaya! Me encantaría hacer esto!". Es el comienzo de una idea que se va detallando cada vez más en mi mente. Esa es la idea, vivir tu vida y darte cuenta de cosas que te hacen disfrutar a tu alrededor. Aquí te muestro mi lista. He conseguido hacer ya algo de lo propuesto:

1. Estoy sentada en un lugar con vistas al valle de La Toscana, en Italia, mirando el amanecer, con una copa de Cabernet Sauvignon en mi mano.

2. Toco el gran muro de las lamentaciones en Israel.

3. Veo La Mona Lisa en el Louvre de París.

4. Me siento en la acera de un café de París comiendo una baguette francesa, bebiendo vino y mirando pasear a la gente.

5. Veo las pirámides de Egipto.

6. Veo el Monte Rushmore.

7. Disfruto dos semanas en una isla tropical escribiendo una novela.

8. Paso dos semanas en una misión de África Central ayudando a gente desfavorecida.

9. Veo el bosque Redwood en el Norte de California.

10. Voy a ver una representación en Broadway, Nueva York.

11. Escribo un libro inspirador que anime a otros.

12. Redacto un guión que se convierte en película.

13. Me reúno con el Dalai Lama.

14. Acudo a la misa del gallo en el Vaticano.

15. Tomo un RV al Área 51, aparco en la cima de una colina y busco platillos volantes.

16. Veo ascender los globos aerostáticos en la Fiesta de Globos Internacional de Albuquerque, en Nuevo México.

17. Veo la estatua de Cristo El Redentor, en Río de Janeiro.

18. Hago un voluntariado con los ancianos.

19. Ayudo a los otros incondicionalmente, sin esperar nada a cambio, soy un donante secreto.

¿Cómo será tu lista? ¿Cuándo la empezarás? Con un poco de suerte, si algo bueno sale de la inmensa pérdida que has sufrido en tu vida, será el despertar a tu naturaleza espiritual y física. Con suerte, esto te permitirá considerar el resto de tu propio viaje personal como una aventura para vivir la vida de la forma más audaz que puedas.

¿Te veré en el valle de La Toscana brindando contigo? Espero que sí. Deseo que vivas el resto de tu vida mirando al futuro mientras abrazas tu pérdida y nunca olvidas al padre que vivirá en tu corazón para siempre, aquel que te inspiró a vivir. Una de las cosas que puedes hacer en memoria del padre o la madre que has perdido es comprometerte a vivir más intensamente y hacer que tu vida tenga más significado, hazlo en honor a ellos.

14 ~ ¿Y AHORA?

"Moverse de un capítulo del pasado no significa cerrar el libro, sino pasar de página".

~ Anónimo

Soy una anciana de setenta y tantos años. Es una noche oscura y descanso flotando en una piscina mirando un millón de estrellas brillando en el cielo nocturno. Observo mi cuerpo, por el cual han pasado los años, pero no terriblemente. Cerca de la piscina hay una gran casa familiar de una sola planta con una zona encantadora de césped muy cuidado. Giro mi cabeza y miro sobre la casa y, desde las ventanas iluminadas, puedo escuchar los sonidos de los niños gritando y riendo. Al fondo, se escuchan sonidos de secadores que las jovencitas utilizan para prepararse y salir con sus amigos. Se siente una tan a gusto escuchando estos sonidos... Mientras descanso allí flotando sobre mi espalda, con el oleaje del agua gentilmente alrededor, me pregunto por qué estoy aquí. La casa me parece familiar. De repente, me doy cuenta de que es la casa donde crecí y las voces de la casa son las mías y las de mis primas.

Miro hacia el cielo de nuevo y algo llama mi atención. Estrecho mi mirada intentando percibir lo que estoy viendo. En el cielo, noto que una estrella es extremadamente más brillante que el resto. De repente, el resplandor se hace cada vez más grande y miro asombrada cómo crece el brillo de la estrella. Un rayo de luz comienza lentamente a brillar sobre mí. Totalmente en shock, miro hacia ese rayo que está creciendo cada vez más y brillando radiantemente sobre mí.

El rayo me envuelve ahora y todo lo que puedo ver es una amplia zona de luz blanca iluminada. Miro de nuevo a la casa con los sonidos en la distancia y, de nuevo, miro a la luz. Estoy deslumbrada y me doy cuenta de que ha llegado mi hora. Toda mi vida ha pasado. Digo casi en un susurro: "Es mi hora, ¿verdad?". No hay respuesta. Mis ojos se llenan de lágrimas. Han pasado unos pocos momentos. "No estoy preparada. Por favor... dame algo más de tiempo". Mi voz se eleva. "No he conseguido la misión de mi vida todavía... por favor... hay tanto que podría hacer todavía...". Sigue sin haber respuesta. Siento tal angustia y lamento sabiendo que todavía no he conseguido lo que debo y que no soy lo suficientemente valiosa para ir hacia la luz... Las lágrimas corren a través de mi rostro y una vez más digo débilmente: "Por favor... dame sólo una oportunidad más, sólo una más... por favor".

Los segundos pasan y me doy cuenta de que nada ocurre. No estaba siendo empujada hacia la luz. Lentamente, el gran resplandor del rayo que estaba sobre mí va remitiendo y se reduce su tamaño e intensidad. Se está consumiendo y encogiendo y en poco tiempo vuelve a su ser como las otras estrellas, mezclándose armónicamente como un cielo perfecto de una noche de verano. Me siento en mi cama sollozando. Miro alrededor, en la luz matinal filtrándose a través de la ventana de mi cuarto. Soy joven de nuevo y con toda la vida por vivir, y así comienza el viaje.

Este fragmento deriva de un sueño real que tuve hace unos 8 años. Desperté llorando e, inmediatamente, me di cuenta del simbolismo del sueño. Se trata de determinar el propósito de tu vida y sentir que has conseguido lo que te ha traído hasta aquí.

Tras este acontecimiento, ocurrió un despertar emocional y espiritual. Decidí vivir la vida intensamente porque hay un final y puede llegar muy rápido. Comencé Scuba Diving (una modalidad de buceo), viajando a islas tropicales con gente que no conocía. Compré una Harley y llegué a ser una motera de fin de semana, e incluso hice algunos viajes largos por carretera. Mis amigos y familia se horrorizaron con tales aventuras.

Ningún hombre es una isla

Es cierto que, mientras es bueno ser independiente, es muy positivo también tener relaciones enraizadas muy estables, especialmente cuando se está pasando por el proceso de duelo.

Todos comenzamos la vida de la misma manera y lo que marca la diferencia es la forma en la que procedemos durante el viaje. Todos evolucionamos como raza humana, con mucho que aprender y muchas cosas por descubrir. Si miramos cuánto ha evolucionado la humanidad y las cosas tan importantes y maravillosas (no los acontecimientos destructivos) que hemos alcanzado como seres humanos, sólo podemos mirar hacia adelante con grandes expectativas y esperanzas de futuro porque nuestras relaciones llegarán a estar interconectadas y evolucionarán entre el amanecer de una nueva era espiritual.

Si la gente no entiende lo que has sido y pasan por delante como si nada, guarda esto en tu mente, algún día lo sabrán. Perder a un padre o a una madre es el sino de cualquiera de nosotros, sin excepción. Sólo porque alguien no sepa cómo tratar con la pena de otro, esa actitud cambiará con su propia pérdida, porque sentirá empatía con las experiencias de otras personas.

Algunas veces, estamos tan asustados con la idea de la muerte y de lo que nos ocurrirá después de esto, que realmente olvidamos vivir nuestra vida. Una vez que hemos superado el dolor, empieza a emerger el pensamiento de una vida real. Cuando consideramos cómo vivir, empezamos a formular un plan para saber cómo vamos a progresar durante el resto de nuestros días. Depende de nosotros cómo disfrutemos el resto de nuestra vida. Podemos elegir la infelicidad o la tristeza, o podemos optar por el divertimento, la emoción y la aventura. No sé tú, pero yo elijo lo último, estoy segura de que estará en consonancia con lo que mi padre querría para mí.

Ser bueno y compasivo con los demás

Si algo nos ha enseñado este viaje es a ser más comprensivos y compasivos con los otros. Nuestros ojos se han abierto a una de las tristezas verdaderamente más importantes de la vida, como es la pérdida del padre de uno. Ahora hemos pasado a un ámbito de pena previamente desconocido, que nos ha despertado el concepto de ser más amables y ha aumentado en nosotros la empatía por los demás, porque hemos adquirido un nuevo entendimiento.

Una de las cosas que puedes hacer en memoria del padre o la madre que ha fallecido es comprometerte a vivir más intensamente y a darle más significado a tu vida, para poder así honrarles. Hay una vida increíble esperando por ti. Agárrala, corre con ella, y mira hacia el futuro con esperanza.

CONCLUSIÓN

Cuando escribí este libro, ya habían pasado 18 meses desde la muerte de mi padre. Aunque he hecho grandes progresos durante el período de dolor, quedan todavía tristezas y momentos reflexivos. Mi vida es mucho más feliz ahora, y río y disfruto de la compañía de mis amigos y familia. Todavía lloro por el acontecimiento pero durante la mayor parte del tiempo, mi vida es realmente buena. Entiendo y comprendo absolutamente el hecho de que morir es parte de la vida y las pérdidas que experimentamos definen y moldean las personas que somos.

Si de algo estoy segura, es de que mi padre amaba la vida con pasión. Para mí, sería una pérdida de energía muy productiva estar triste mucho tiempo por no tenerle físicamente cerca (porque él está presente espiritualmente). Soy completamente consciente de que el verdadero luto por él continuará durante un tiempo, pero la fuerza y el conocimiento que he ganado será al final más valioso que la tristeza y la pérdida experimentada.

Te deseo una rápida recuperación de tu viaje por la pena. Cada uno, sin excepción, experimentará tu dolor tarde o temprano. Encuentra a otras personas que estén pasando por la misma experiencia y te reconfortará pensar que no estás solo. Busca el disfrute en la vida y haz que el resto de tu vida importe.

Con todo mi amor y luz,

Mandy

LISTA DE REFERENCIAS

Webs informativas

healingresources.info/emotional_trauma_overview.htm

www.cancer.gov/cancertopics/pdq/supportivecare/bereaveme
nt/Patient/page2

www.mirnabard.com/2010/04/99-favorite-social-media-
quotes-and-tips/

livinginspirit.wordpress.com/

www.ilasting.com/

www.griefshare.org/

www.griefnet.org/

www.ards.org/links/griefhealing/

www.journeyofhearts.org/

www.hospicefoundation.org

www.aarp.org/relationships/grief-loss/

www.webhealing.com/

www.bereavement-poems-articles.com/

www.tampabay.com/blogs/media/content/grief-and-loss-
social-media-how-facebook-and-twitter-can-help-cope-
serious-loss

www.biblegateway.com/versions/New-International-Version-

NIV-Bible/

Lista de lecturas recomendadas

Dr Brian Weiss, *Muchas vidas, muchos maestros.*

Judy Tatelbaum, *El coraje de sufrir la pena.*

Carole J. Obley, *Todavía estoy contigo.*

Mark Anthony, *Nunca lo dejes marchar.*

Jeffrey Long,MD, *Evidencia de la vida después de la muerte.*

Brook Noel, *No estaba preparado para decir adiós.*

Carol Bowman, *El regreso del cielo.*

Raymond Moody, Elizabeth Kubler Ross, *Vida después de la vida.*

4601008R00086

Printed in Great Britain
by Amazon.co.uk, Ltd.,
Marston Gate.